ÉTUDES SUR

L'ART DRAMATIQUE

& ORATOIRE.

ÉTUDES SUR

L'ART DRAMATIQUE

ET

ORATOIRE.

CONSEILS AUX COMÉDIENS & AUX COMÉDIENS CHANTEURS,

PAR

J.-B. GROGNIER — QUÉLUS,

Professeur de déclamation au Conservatoire royal de Bruxelles.

> Si l'écriture est le corps de la pensée
> la prononciation en est l'âme.
> CHARLES NODIER.

———— ❦ ————

BRUXELLES.

IMPRIMERIE DE DETRIE-TOMSON,
Rue des Dominicains, 15.

1858

A

Monsieur Charles de Brouckere.

PRÉSIDENT D'HONNEUR

DE LA

Commission administrative du Conservatoire Royal,

et

BOURGMESTRE de la ville de Bruxelles.

Hommage de respect et de dévouement.

J.-B. GROGNIER — QUÉLUS.

INTRODUCTION.

INTRODUCTION.

Il y a cinquante ans à peine, l'homme qui
s'avisait d'écrire sur les comédiens se sentait
obligé, dès le début de son œuvre, de protester
contre l'ostracisme dont de ridicules préjugés
frappaient cette classe d'artistes. Et si, d'aven-
ture, l'auteur était ou avait été comédien lui-
même, il se servait pour introduction d'une
préface expiatoire, dans laquelle il demandait
humblement pardon au public de la liberté
qu'il osait prendre. Nous n'avons plus, Dieu

merci, de pareils préjugés à combattre. Le vent de la civilisation a soufflé sur l'inepte exclusion dont les comédiens étaient victimes, et la plupart d'entre eux, par l'honorabilité de leur conduite et de leur caractère, ont achevé de détruire les derniers vestiges d'un pareil ostracisme.

La société a fini par comprendre, comme Voltaire l'écrivait à Dorat « qu'il est stupide de vouloir attacher une ridicule infamie à réciter ce qu'il est si glorieux de faire. » Elle a compris qu'une profession dans laquelle se sont illustrés tant d'hommes honorables, depuis Roscius, l'ami de Jules César, jusqu'à Talma, l'ami de Napoléon Iᵉʳ, en passant par Molière, l'ami de Louis XIV, n'était pas et ne pouvait pas être une profession déshonorante. L'Église elle-même a levé l'interdit que le moyen-âge avait infligé aux comédiens. Il était difficile en effet de persister à tenir pour impie et sacrilége un art qui avait été exercé et protégé par des ecclésiastiques. Après qu'on avait vu l'abbé Perrin solliciter et obtenir le privilége de l'exploitation du Grand-Opéra de Paris; le jésuite Ménétrier composer un traité — et un excellent traité — sur les ballets; le père Bouhours écrire de sa main l'épitaphe de Molière; le pape Benoît XIII construire de ses deniers un théâtre à Rome et le pape Innocent XI

en rédiger lui-même les règlements d'ordre intérieur, l'interdit fulminé contre les comédiens
devenait une contradiction que le progrès des
mœurs ne devait pas tarder à faire disparaître.

Les souverains, il faut le reconnaître, ont fait
de tout temps les plus louables efforts pour rele-
ver cette profession calomniée. Nous parlions tout
à l'heure de Jules César, de Louis XIV, de Napoléon Ier. Nous pourrions citer encore Jacques II
d'Angleterre, Henri VIII, le grand Frédéric, et
dans des temps plus voisins de nous, le czar
Nicolas Ier, qui honoraient certains comédiens de
leur amitié puissante, et se plaisaient dans leur
intimité. Et ces augustes distinctions n'avaient
rien que de très-logique. Du moment où l'on
admettait que l'art dramatique est, *a priori*, un
art honnête et moralisant, on ne pouvait persister
à condamner comme gens malhonnêtes et im-
moraux ceux qui s'en font les interprètes.

Notre introduction ne sera donc point un plai-
doyer, moins encore une apologie. Nous ne l'écri-
vons que pour définir nous-même le caractère de
cet ouvrage, pour indiquer au lecteur les préoccupations qui nous ont engagé à le faire, les
résultats utiles que nous en attendons et l'accueil
que nous souhaitons à nos renseignements et à
nos conseils.

Le livre que nous publions aujourd'hui n'est pas seulement un manuel aride, une sorte de vocabulaire dogmatique où la jeunesse belge, destinée à fréquenter les cours des Conservatoires de déclamation et de chant, devra chercher les préceptes rudimentaires de la profession à laquelle elle est appelée à se vouer. Nous avons voulu qu'à côté de l'enseignement et du précepte, à côté du dogme et de la règle, vinssent se grouper des exemples attrayants, des anecdotes instructives, des appréciations utilement raisonnées sur la carrière des grands artistes qui ont illustré la scène française. Nous avons voulu, dans le cadre restreint que nous nous sommes imposé, réunir le plus grand nombre possible de données qui se rattachent à l'histoire dramatique, de manière à appuyer chacune de nos démonstrations de l'autorité des faits constatés, de l'opinion des hommes compétents, pour justifier les leçons d'une expérience personnelle acquise au prix de trente années d'études et de pratique.

Notre ambition n'est donc point de nous ériger en législateur sur la matière que nous allons traiter. Plus modeste et plus consciencieux, nous nous bornons à passer en revue les différentes phases que l'art dramatique a traversées jusqu'à ce jour, en indiquant la raison d'être des transitions qui en ont marqué le développement et le progrès, pour arriver à préciser d'une manière certaine les véritables principes de l'art, sans adopter ni combattre absolument aucune doctrine, méthode ou tradition. Nous emprunterons à chaque système ce qu'il a de bon, nous discuterons ce qu'il nous semble offrir de vicieux, et notre but sera atteint si, de cette discussion, nous parvenons à tirer des conclusions dont le résumé soit, en quelque sorte, la synthèse de l'art de bien dire.

Nous demandons en conséquence que l'on veuille bien nous considérer, non pas comme un auteur professant, avec une autorité plus ou moins acceptée, les notions d'une doctrine créée ou réformée par lui, mais comme un guide consciencieux qui apporte au public le fruit de ses études, l'expression des idées et des sentiments d'autrui, laborieusement analysés, avec le désir d'épargner aux élèves du Conservatoire l'aride travail de recherches toujours longues et difficiles, et très-souvent infructueuses.

Nous voulons être, pour le débutant zélé, modeste et docile, un conseiller plutôt qu'un maître; notre désir exclusif est de lui être utile, soit en réunissant, dans un même cadre, une foule de préceptes épars dans un grand nombre de livres, soit en y ajoutant de nouvelles observations, fruit d'une longue expérience qui veut suppléer à celle que n'a point encore un commençant. Si, dans le labyrinthe de cet art, nous n'indiquons pas toujours la route qu'il faut suivre, nous tâcherons du moins de désigner un grand nombre de celles qu'il faut éviter.

Bien des écrivains, des artistes, hommes d'expérience et de savoir, se sont essayés à formuler en préceptes les enseignements de la déclamation dramatique et lyrique. Ces tentatives ont eu pour résultat la publication d'un grand nombre d'ouvrages et de traités contenant tous, à côté d'erreurs plus ou moins graves, ou de règles tombées en désuétude par suite du perfectionnement du goût et du raffinement de la critique, d'excellentes et de très-utiles notions. Dans notre pratique de professorat au Conservatoire royal de Bruxelles, nous avons eu maintes fois l'occasion de signaler à nos élèves ces sources auxquelles leur zèle bien dirigé pouvait puiser de fécondes leçons. Mais toujours nous étions obligés en indiquant le phare, de signaler les écueils dont il était entouré, de rectifier des points inexacts, ou de compléter des avis insuffisants.

Ce travail d'examen, de critique, de discussion auquel nous étions forcé de nous livrer chaque année, nous avons cru que, dans l'intérêt de nos élèves et de la jeunesse qui se prépare, en dehors des Conservatoires royaux, à la profession dramatique, il serait utile de le formuler par écrit, de lui donner un caractère d'ensemble, et de le classer avec ordre, logique et discernement.

C'est ainsi que nous avons rédigé ce livre, lentement, mûrement, à mesure que l'occasion s'offrait à nous; c'est ainsi que nous demandons qu'il soit considéré et accueilli. Le fond n'en est pas de nous. Nous avons compulsé tout ce qui a été écrit par les hommes les plus compétents. La théorie de l'art du comédien, les mémoires de Préville, le traité de prononciation, la prosodie française, les études sur l'art théâtral, les ouvrages des grands tragédiens, des grands chanteurs, nous ont principalement servi, et nous disons, comme Labruyère : « Nous leur rendons ce qu'ils nous ont prêté. »

CONSERVATOIRES. — LEUR UTILITÉ.

Lorsque Cicéron, ce maître immortel dans l'art de bien dire, posait en axiome que, si la nature fait les poëtes, il n'y a que le travail et l'étude qui forment les orateurs, il entendait évidemment parler de tous ceux qui, soit à la tribune, soit au barreau, soit au théâtre, sont appelés à se servir de l'instrument de la parole pour exciter l'attention ou les émotions de la foule. On peut même dire que la doctrine est surtout vraie, alors qu'on l'applique à ceux qui, recevant de l'œuvre d'autrui leurs inspirations, et réduits au rôle de simples interprètes, sont obligés de feindre des passions qui leur sont étrangères et qu'ils ne parviennent à représenter qu'à force d'étude et d'art.

Le comédien est, avant tout, imitateur. Son but principal doit être toujours de se rapprocher de la nature, parce que là seulement réside la vérité.

On conçoit qu'un poëte, un peintre, un musicien, puissent, à force de génie et de puissance créatrice, s'élever de leurs propres ailes et presque d'un seul essor, au-dessus des règles de leur art et s'affranchir des leçons d'un maître. Mais le peintre, le compositeur et le poëte ont leur œuvre en dehors d'eux-mêmes; leur vertu créatrice revêt une forme palpable; ils peuvent se juger, se critiquer eux-mêmes. Le comédien, au contraire, a son œuvre toute en lui. Il ne se juge que par l'impression qu'il produit sur les autres; et cette impression, le public ne la manifeste pas toujours avec un discernement irréprochable. Enclin à des engouements irréfléchis, comme à des répugnances inexplicables, le public n'est pas toujours pour le comédien un guide infaillible. Se renouvelant presque chaque jour, apportant sans cesse des dispositions différentes, des émotions contradictoires, exposé à subir les influences multiples d'une mise en scène qui s'efforce de parler en même temps à tous ses sens, le public condamne souvent le lendemain ce qu'il avait applaudi la veille, et ces jugements, entachés de précipitation ou de partialité, seraient parfois pour le comédien consciencieux un déplorable enseignement.

Nous ne prétendons pas dire, cependant, que le public, soit un juge dont il faut dédaigner les arrêts. Nous dirons même que rarement il se trompe, quand il n'écoute, dans ses décisions, que la voix du sentiment et l'impression première de la nature.

Il faut au comédien un guide plus sûr, plus étranger aux impressions capricieuses de la faveur ou de l'hostilité, un guide rompu par l'expérience aux luttes laborieuses de la production dramatique, et conservant en lui, avec le dépôt des traditions classiques, les notions immuables du vrai, du juste, du naturel.

Il faut que ce maître, non-seulement sente, juge et apprécie sainement, mais qu'il puisse ajouter toujours l'exemple au précepte, la démonstration à la théorie.

Dans un art dont l'imitation forme la base, il faut que l'élève puisse toujours avoir sous les

yeux le modèle à imiter. Il faut que le maître soit
capable de représenter tous les caractères, toutes
les physionomies qu'il désire faire saisir à son
élève pour que celui-ci, à son tour, se les appro-
prie et les applique à ses dispositions naturelles.

Il se rencontre, certainement, au théâtre
comme dans toutes les autres professions artis-
tiques, des aptitudes spéciales, des intelligences
d'élite douées de telle sorte qu'il leur suffit, au
lieu de leçons, de recevoir des conseils; mais de
pareils phénomènes sont excessivement rares, et
il serait extrêmement dangereux de les admettre
même comme exception à la règle, que nous
établissons, de l'indispensable nécessité d'un bon
professeur de déclamation.

Au théâtre, plus que partout ailleurs, les débutants se laissent trop facilement persuader que
la vocation, la confiance, l'impression première
peuvent tenir lieu de leçons et d'étude. Ce n'est
qu'avec la pratique que leur vient la modestie, et
l'expérience est souvent achetée chèrement. Ils
croient — et c'est une erreur que l'amour-propre
accrédite volontiers — que la diction dramatique
est un art qui ne s'enseigne pas; qu'il suffit, pour
bien dire, de chercher ses inspirations dans la
nature, en se fiant, pour les rendre, à sa seule
intelligence, et que la perfection doit résulter

ensuite d'un échange quotidien d'impressions et d'avis tacites entre l'artiste et le public.

Ceux qui ont pris ce préjugé pour ligne de conduite ont généralement végété dans une longue médiocrité; et si, parmi eux, quelques-uns ont réussi, à force d'années et de travaux, à sortir des tâtonnements de l'inexpérience, ce talent leur est venu à un âge qui n'en laissait espérer une longue jouissance, ni pour eux, ni pour le public. Au contraire, un professeur habile, imposant, dès l'entrée dans la carrière, les règles nettement tracées d'une doctrine certaine, abrége les débuts, adoucit les difficultés, indique la route du progrès et fait acquérir en peu de temps l'expérience et la science qu'on cherche pendant bien des années, alors qu'on s'obstine à être soi-même l'éducateur de son propre talent.

C'est aussi dans les enseignements d'un maître éclairé que l'artiste apprendra à se garantir de l'influence souvent fatale de l'imitation d'un artiste de talent, qui, par des causes inexpliquées, arrive souvent au succès, à force d'originalité, en dehors de toutes les règles et de toutes les traditions. De pareils exemples, quand la vogue et le succès semblent les consacrer, ont quelque chose qui éblouit et attire; et, faute de discerne-ment, on peut arriver à imiter un modèle dan-

2

gereux, en s'appropriant surtout les défauts qui blessent le plus le goût et les principes. —

Nous avons vu des jeunes gens copier ainsi chez des acteurs en réputation jusqu'à leurs défauts naturels, leurs tics ou leurs vices de prononciation, croyant atteindre par là à un genre d'originalité qu'ils regardaient comme une source de succès. Le plus souvent, ils leur empruntent leur manière parfois peu correcte de s'abandonner à une fougue impétueuse et passionnée, dans des moments où la situation exige du calme et de la concentration. Cette imitation est d'autant plus dangereuse, que le public, par un fâcheux entraînement, se laisse volontiers aller à applaudir de grands éclats de voix et des convulsions violentes, sans s'arrêter à en analyser la raison d'être et la convenance.

Privé des leçons d'un professeur, le débutant tombera naturellement dans cet écart que Garrick, le célèbre acteur anglais, a si justement indiqué dans son étude sur *les acteurs contemporains en Angleterre*.

« L'art méprisable d'imiter au théâtre, dit-il, n'est pour l'acteur que le malheureux talent de copier une copie. Celle-ci a pu être parfaite si la nature a été son premier modèle; l'autre, toujours incertaine et obscure, n'offre que des traits

affaiblis ou défigurés, qui même, en approchant
le plus de ce second original, rendent encore
l'affectation plus sensible. Les comédiens devraient toujours avoir présent à l'esprit ce beau
vers de Voltaire.

» Non, n'imitons personne et servons tous d'exemple.

» Imiter servilement la manière d'être d'un
acteur est une opération purement mécanique
à laquelle ni l'art ni la nature ne prennent
aucune part. »

Faut-il conclure de ce qui précède qu'il faille
s'abstenir d'étudier les exemples des grands artistes et qu'il soit interdit de profiter des progrès
que le travail leur a permis de faire? Telle n'est
point notre pensée. Nous croyons, au contraire,
que cette étude spéciale serait des plus utiles, si
elle était faite avec tact et discernement. Il est
évident que l'étude, et même dans un certain
degré, l'imitation des grands modèles, est une
chose excellente. Le peintre tirera plus de profit
de la vue d'un tableau de Raphaël, de Rembrandt
ou de Rubens, que de la lecture de dix traités
sur la peinture. Mais cette imitation doit être
renfermée dans des bornes et soumise à des
conditions qu'un bon enseignement primordial
peut seul apprendre à déterminer.

Molière, dans son *Impromptu de Versailles*, semble avoir voulu mettre en scène toute la théorie de l'imitation dramatique. Après avoir exposé le ridicule où fait tomber l'affectation ou l'imitation mal entendue, il nous indique comment il faut former le comédien, le façonner par de sages conseils et le mettre en garde contre les mauvaises impressions d'un caractère mal compris.

Les collaborateurs de Molière n'étaient certes pas des comédiens ordinaires; et pourtant voyez (scène 1re du 1er acte) comme il prend soin de leur indiquer toutes les nuances du rôle qu'ils vont avoir à remplir. Toute cette scène, qui paraît n'être qu'une boutade sans importance contre les comédiens de l'hôtel de Bourgogne, est un enseignement dont les débutants ne sauraient assez se pénétrer.

C'est par de pareilles leçons, sans doute, que Molière a formé l'illustre Baron, son élève; comme c'est aux conseils de Racine que la Champmeslé fut redevable de la supériorité avec laquelle elle jouait le rôle de Phèdre, qui fut toujours son triomphe.

Et Molière lui-même, ce maître si éclairé pour les autres, se gardait bien de s'en rapporter à ses seules impressions, quand il avait à créer quelque personnage important. Il s'entourait des avis de tous ceux qui l'approchaient, et c'était souvent sa servante tout étonnée qu'il consultait, pour juger de l'effet qu'il comptait produire sur le parterre.

Cet exemple de modestie et de défiance de soi-même est à recommander aux commençants, dont la suffisance est trop souvent le moindre défaut. Ils sont trop facilement portés à croire que ce serait, pour eux, déroger que de recourir aux leçons de leurs aînés, et à se persuader que la comédie est une profession privilégiée que tout le monde sait, sans l'avoir jamais apprise. Le moindre apprenti veut d'emblée passer maître, avant d'avoir subi l'épreuve aride et décourageante des premiers principes.

Convaincu qu'il suffit d'être naturel pour être vrai, on croit volontiers qu'être naturel est la chose la plus simple du monde; rien n'est plus faux. Ce n'est qu'après être entré dans la carrière du théâtre, après en avoir apprécié les difficultés, après avoir laissé bien des lambeaux de son amour-propre aux ronces du chemin, qu'on s'en aperçoit. C'est seulement à force d'art et de travail qu'on arrive à être naturel.

Pour le peintre, pour le sculpteur, la première condition de succès, c'est de rendre exactement

2.

la nature. En conclura-t-on que le premier venu puisse improviser des chefs-d'œuvre de peinture ou de statuaire?

Il faut un long apprentissage pour apprendre à imiter la nature, et pour s'initier aux vrais moyens d'en rester le fidèle interprète.

Nous reconnaissons qu'il s'est trouvé de rares artistes, des génies supérieurs, qui se sont formés d'eux-mêmes ; qu'il s'est trouvé un homme, entre autres, Pascal, qui sans leçons et sans maîtres, a improvisé les trente-deux premières propositions d'Euclide. Qu'en conclure contre les maîtres et les leçons?

En faut-il déduire qu'on puisse devenir de prime abord un savant ingénieur, sans avoir suivi le cours d'un professeur de mathématiques?

Nous le reconnaissons encore, il faut qu'un comédien tienne de la nature les qualités dont l'absence rendrait toutes les leçons infructueuses. Il serait parfaitement inutile, par exemple, de vouloir former un chanteur en prodiguant des leçons à un homme complétement dépourvu de voix. De même si l'élève ne sent rien, quoi qu'il fasse ou qu'on fasse, jamais il ne parviendra à rendre un sentiment qu'il ignore. Le génie, non plus, ne se transmet pas à un poëte, à un musicien; ce qui ne les dispense pas d'apprendre les règles de la prosodie et de la composition.

L'enseignement est nécessaire à tous, et à ceux-là surtout que la nature a mieux doués que les autres, pour qu'ils ne fassent pas de leurs qualités naturelles un vicieux usage.

Un artiste de mérite et d'autorité dit à ce sujet :

« Je sais très-bien que l'on n'enseignera jamais à avoir un bel organe, une figure noble, des traits expressifs, du feu, de l'âme et tant d'autres qualités de la nature, auxquelles tout l'art possible ne peut suppléer. Mais avec la plus grande partie de ces avantages réunis, j'ai vu souvent des acteurs et des actrices s'égarer et les employer même à leur préjudice, faute d'avoir un guide pour leur apprendre à s'en servir comme il faut; semblables à ces estomacs viciés où les meilleurs aliments se changent en un mauvais chyle. Quelque excellent que soit un terrain, il faut nécessairement qu'il soit cultivé par un habile agriculteur, si l'on veut en retirer une bonne récolte; vainement sèmerait-on dans une terre infertile, si la nature au moins n'est de moitié dans ces sortes d'opérations. Or, il en est de même de la culture de tous les talents en général. En un mot, jusqu'aux qualités de l'âme, intelligence, génie, sensibilité, tout a besoin, en quelque façon, d'une certaine culture, et rien,

sans beaucoup d'art et de travail, ne peut être
perfectionné (*). »

Pour preuve que la nature peut se passer d'enseignement, on cite Mlle Rachel. Cette preuve
va directement à l'encontre de ce que veulent
alléguer ceux qui l'avancent. Mlle Rachel, loin de
passer directement du sein de sa famille où elle
végétait misérablement, sur la scène, sans leçons
ni conseils de personne, a suivi longtemps les
leçons de M. Samson, et elle peut être ainsi
considérée comme une élève du Conservatoire de
Paris. Ceux qui s'imaginent qu'elle n'a pas, même
après ses premiers succès au Théâtre-Français,
cultivé ses dons naturels par un travail infati-
gable, n'ont qu'une connaissance bien imparfaite
des sources de ce talent suprême.

Quand on voit les grands acteurs réussir, rien
qu'en restant dans la nature, on oublie que leur
supériorité consiste à cacher, à force de talent,
les ressources de l'art qui soutient la nature; on
ne songe pas qu'il n'y a jamais plus d'art que
dans les choses où l'art paraît le moins.

L'art porté à son degré de perfectionnement
suprême arrive à ressembler à la nature; la nature
négligée ne tarde pas à ressembler à de l'affectation.

(*) D'Hannetaire, Observations sur l'art du comédien.

Pour aider à la recherche de cette vérité,
Molière, que nous ne pouvons nous lasser de citer,
et Shakespeare avant Molière, ont donné d'excellents conseils aux comédiens de tous les temps.
Le premier, dans son *Impromptu de Versailles,*
raille impitoyablement ces pauvres comédiens de
l'hôtel de Bourgogne sur l'affectation et l'enflure
de leur débit.

« Comment! vous appelez cela réciter? C'est se
railler — il faut dire les choses avec emphase.
Écoutez-moi... voyez-vous cette posture?.. Là,
appuyez comme il faut sur le dernier vers... Voilà
ce qui attire l'approbation et fait faire le brou-
haha... —Mais, monsieur, il me semble qu'un roi
qui s'entretient tout seul avec son capitaine des
gardes, parle un peu plus humainement, et ne
prend guère ce ton démoniaque. —Vous ne savez
ce que c'est : allez-vous-en réciter comme vous
faites, vous verrez si vous ferez faire aucun
ah! ah!.., etc... » Et Scapin, dans les *Fourberies :*
« Tiens-toi un peu, mets la main au côté, fais
les yeux furibonds, marche un peu en roi de
théâtre, etc... »

Shakespeare fait dire à Hamlet : « Rendez ce
discours comme je l'ai prononcé devant vous,
d'un ton facile et naturel. Mais si vous grossissez
votre voix et vociférez, comme font la plupart de

nos acteurs, j'aimerais autant avoir mis mes vers
dans la bouche d'un crieur de ville. Oh! rien ne
me blesse l'âme, comme d'entendre un homme
grossièrement robuste exprimer une passion par
des éclats et des cris à fendre les oreilles d'une
multitude qui n'aime que le bruit. Je voudrais
vous faire fustiger cet Hérode de théâtre, qui
enchérit sur Hérode même, et veut être plus
furieux que lui. Ne soyez pas non plus trop froid ;
mais que votre intelligence vous serve de guide.
Proportionnez l'action au mot et le mot à l'action,
avec cette attention de ne pas sortir de la décence
de la nature; car tout ce qui s'écarte de cette
règle, s'écarte du but de la représentation dramatique, qui est d'offrir en quelque sorte un
miroir à la nature, de montrer à la vertu ses
véritables traits, au ridicule sa ressemblante
image, et à chaque siècle, à chaque époque du
temps sa forme et son empreinte. Si cette peinture est exagérée ou affaiblie, elle amusera les
ignorants, mais elle fera souffrir les hommes
judicieux, dont l'opinion doit toujours, à votre
égard, l'emporter sur l'opinion de la foule... Or
il y a des acteurs que j'ai vus jouer, et que j'ai
entendu vanter par des louanges outrées, qui,
pour ne pas dire plus, n'avaient la démarche ni
d'un chrétien, ni d'un païen, ni d'un homme, et

qui s'enflaient et hurlaient d'une si horrible manière, qu'on les eût pris pour quelques simulacres humains, grossièrement ébauchés par quelque apprenti subalterne de la nature, tant ils imitaient l'homme abominablement! »

Mais, dira-t-on, un professeur, quelque habile qu'on le suppose, ne pourra jamais communiquer à son élève que sa manière de voir, de dire, de sentir; ce qui va à son organe, ne va pas à celui de l'élève, et celui-ci peut arriver à la vérité par d'autres routes, plus directes ou plus faciles que celles que le professeur lui indiquerait.

Il y a dans cette objection une apparence de vérité. Certes, un professeur qui ne pourrait dans ses ressources personnelles trouver des méthodes d'enseignement appropriées au caractère et aux dispositions de l'élève, serait un professeur vraiment pitoyable. Aussi avons-nous eu bien soin de préciser, tout d'abord, qu'il fallait chez le professeur toutes les qualités qu'il importe de faire naître ou de développer chez l'élève.

Quant aux divers moyens d'arriver à la vérité, il en est toujours un parmi eux qui vaut mieux que les autres ; et celui-là est le seul bon.

L'auteur d'un poëme n'a eu, évidemment, en le composant, qu'une idée; et il ne peut y avoir qu'une façon de rendre cette idée d'une manière

juste et vraie ; comme dans un opéra, il est impossible de chanter bien une phrase sur deux tons
différents. C'est peut-être pour arriver à cette précision, à cette immutabilité, qui n'est pas et ne peut
pas être de la monotonie, que les anciens notaient
les vers destinés à être récités sur le théâtre. Il
y avait une sorte de musique déclamatoire,
d'après laquelle tous les rôles étaient rhythmés,
comme l'auteur voulait qu'ils fussent interprétés
sur la scène. Si un système analogue était possible
aujourd'hui, il ne faudrait pas craindre qu'il en
résultât une uniformité de diction fastidieuse.
L'artiste trouvera toujours en lui-même, dans
son caractère, dans son humeur, des nuances qui
établissent une distinction très-nettement appré-
ciable. Il aura pour lui l'avantage de dire plus ou
moins bien un rôle ainsi qu'il doit être dit, comme
le chanteur montre sa supériorité, tout en restant
dans les conditions de ton et de rhythme, sur
tous ceux qui ont chanté le même rôle avant lui.
Ce n'est que dans ce cas que les qualités naturelles peuvent servir à assurer et à grandir le
succès. Il ne doit y avoir évidemment qu'une
bonne manière de jouer *Tartufe;* c'est de le
jouer comme le jouait Molière. On peut, en dehors
de ce cadre fixé par la tradition, obtenir des
succès, soulever des applaudissements, mais on a

cessé d'être dans le vrai, dans la nature du personnage.

Toutes ces exigences de l'art difficile de bien dire, on ne peut y répondre qu'en suivant les leçons d'un maître expérimenté; et la nécessité d'un enseignement de déclamation reconnue, il est incontestable que de tous les modes d'enseignement, celui des Conservatoires est le meilleur.

Les leçons d'un maître, prises en particulier, n'auront jamais autant d'autorité et d'influence que l'enseignement donné en commun par ce même maître.

L'utilité, la nécessité de ces institutions a été depuis longtemps reconnue. En France Lekain est l'un des premiers qui l'aient réclamée dans l'intérêt du maintien des bonnes traditions du goût dramatique. Le 4 septembre 1756, il publia un mémoire, ayant pour objet de demander l'établissement d'une école de déclamation (*).

Il s'écoula quelques années encore, avant que cette réclamation, appuyée par tout ce qui avait quelque autorité en matière de théâtre, fût exa-

(*) Mémoire précis tendant à constater la nécessité d'établir une école royale pour y faire des élèves qui puissent exercer l'art de la déclamation dans la tragédie et s'instruire des moyens qui forment le bon acteur comique.

minée; enfin, en 1774, Lekain et Préville obtinrent un privilége pour l'établissement d'une école de déclamation, dont ils furent nommés professeurs.

Le 3 janvier 1784, dix ans plus tard, le baron de Breteuil fit décréter la fondation d'une école de danse, de déclamation et de chant, sous la direction de Gossec.

En 1786, une nouvelle école s'ouvrit, sous les auspices du duc de Duras. Ce fut, à proprement parler, le premier Conservatoire de déclamation. Dugazon, Molé et Fleury en furent les premiers professeurs.

Ces premières écoles portaient le titre d'Académie dramatique.

C'est là que Talma puisa les premiers enseignements de cet art magique, qu'il devait illustrer d'un si glorieux retentissement, de cet art qu'il a presque créé et dans lequel il s'est élevé à des hauteurs restées inaccessibles après lui. Il était encore à l'école de MM. Molé et Dugazon, lorsqu'il obtint le 27 novembre 1787, son ordre de début dans le rôle de *Séide* du *Mahomet* de Voltaire.

Le Conservatoire de Bruxelles fut créé par un arrêté royal du 13 février 1832, en remplacement de l'école vocale et instrumentale, fondée le 29 janvier 1826.

Depuis sa création, le Conservatoire royal est

dirigé par M. Fétis (F.-J.), qui jouit en Europe d'une haute réputation, tant comme écrivain que comme compositeur. L'art musical du xixᵉ siècle compte peu de représentants aussi illustres que M. Fétis. Il est né à Mons, le 25 mars 1784; son père, organiste, professeur de musique et directeur des concerts de la ville, fut le premier maître du jeune musicien qui, dès l'âge de neuf ans, touchait l'orgue aux offices du chapitre noble de Sainte-Waudru. M. Fétis avait quinze ans lorsqu'il entra au Conservatoire de Paris, où il fit des études complètes de compositeur et de pianiste. En 1813, il alla s'établir à Douai, où il fut quelque temps organiste et directeur de l'école de musique; il comprenait, toutefois, qu'une ville de province n'était pas pour lui un centre suffisant d'activité, et c'est ce qui le détermina, en 1818, à se fixer à Paris.

Arrivé dans cette ville, il s'y livra à l'enseignement et s'y fit bientôt connaître par ses publications. Nommé en 1821 professeur de composition au Conservatoire, il écrivit pour cet établissement un *Traité de la fugue et du contre-point*, qui est resté, depuis lors, la base de l'enseignement. De 1820 à 1827, M. Fétis fit, en outre, représenter sur les scènes lyriques de Paris, les opéras dont voici les titres : *l'Amant et le Mari; les Sœurs jumelles; Marie Stuart; le Bourgeois de Reims; la Vieille* et *le Mannequin de Bergame;* il composa aussi pendant le même temps un grand nombre de morceaux de musique d'église, duos, quatuors, quintettes, etc. En 1827, il fonda un recueil artistique hebdomadaire qui fit bientôt autorité, et devint, de 1830 à 1833, le chroniqueur musical du journal le *Temps;* en 1831, il donna les premiers concerts historiques, qui obtinrent un immense succès; enfin, en 1833, il fut nommé maître de chapelle de S. M. le roi des Belges et chargé de la direction du Conservatoire royal de Bruxelles. On sait ce que M. Fétis a fait de cet établissement qui a produit des sujets extrêmement remarquables, et combien les concerts du Conservatoire ont formé le goût du public bruxellois.

Comme littérateur musicien, M. Fétis a publié : 1° la *Musique mise à la portée de tout le monde,* ouvrage qui a eu trois éditions à Paris et qui a été traduit dans presque toutes les langues; 2° la *Biographie universelle des musiciens*, en huit volumes in-8°, dont une seconde édition va paraître chez Didot. M. Fétis est, de plus, auteur d'un grand nombre de traités didactiques très-estimés; secrétaire du jury de la section des instruments de musique à l'Exposition Universelle de Paris en 1855, il a publié un rapport qui est à la fois l'exposé de la théorie et l'histoire de la construction des instruments.

Depuis son retour en Belgique, M. Fétis a organisé et dirigé l'exécution de la partie musicale de toutes les grandes solennités nationales.

M. Fétis est membre de la classe des beaux-arts de l'Académie royale de Belgique, officier de l'ordre de Léopold, chevalier de l'Aigle rouge de Prusse, de la Légion d'honneur et autres.

Malgré les éminents services rendus au théâtre par les Conservatoires de tous les pays, ces institutions n'ont pas cessé d'être le point de mire des critiques, des quolibets de certains détracteurs qui, Dieu sait pourquoi, ne veulent point admettre de théorie dans l'art dramatique. A quoi bon les Conservatoires? objectent-ils sans cesse. Il vaut bien mieux *étudier la nature, rien que la nature; le génie ne s'apprend pas; le véritable artiste doit avoir recours à sa seule intelligence; le public appréciera ses travaux, son mérite,* et cent autres phrases semblables. Aux yeux de ces esprits chagrins, les études faites dans un Conservatoire sont absolument inutiles; ils voudraient trouver tout de suite un acteur consommé dans l'élève qui paraît sur la scène pour la première fois; et lorsque le débutant a pris une certaine assurance, lorsqu'il a pu insensiblement mettre en pratique la théorie qui lui a été enseignée, loin d'en savoir gré aux cours qu'il a suivis, aux conseils qui lui ont été donnés, l'on entend encore ces hommes s'écrier : « C'est le public qui a formé cet artiste; il ne savait rien, il n'était bon à rien, quand il est sorti du Conservatoire. »

Si ce raisonnement est juste par rapport au comédien, n'en peut-on pas dire tout autant du militaire, du marin, de l'avocat et du médecin? Ceux-ci sont-ils maîtres dans leur spécialité en quittant les bancs de l'école? Qui oserait le prétendre? Il faut au médecin l'expérience pratique, à l'avocat les luttes du barreau, à l'orateur politique celles de la tribune, au soldat le champ de bataille, au marin l'océan et ses tempêtes, comme il faut au comédien le parterre et ses orages.

II

DE LA DÉCLAMATION.

ÉTUDES RELATIVES A L'ART DRAMATIQUE.

Nous employons en tête de ce chapitre et dans tout le cours de notre ouvrage le mot *déclamation*, bien qu'à notre avis, ce mot ne désigne que très-improprement cette partie de l'art du comédien.

Voici l'opinion de Talma à ce sujet :

« Ce terme — la déclamation — qui semble désigner autre chose que le débit naturel, qui porte avec lui l'idée d'une certaine énonciation de convention, et dont l'emploi remonte probablement à l'époque où la tragédie était, en effet, chantée, a, j'en suis sûr, souvent donné une fausse direction aux études des jeunes acteurs. En effet, déclamer c'est parler avec emphase; donc l'art de la déclamation est l'art de parler comme on ne parle pas. D'ailleurs, il me paraît bizarre d'employer, pour désigner un art, un terme dont on se sert en même temps pour en faire la critique. *Je serais fort embarrassé d'y substituer une expression plus convenable.*

» Jouer la tragédie, donne plutôt l'idée d'un amusement que d'un art; dire la tragédie, me paraît une locution froide, et me semble n'exprimer que le simple débit sans action. Les Anglais se servent de plusieurs termes qui rendent même l'idée : *to perform tragedy,* exécuter la tragédie; *to act a part,* agir un rôle. Nous avons bien le substantif *acteur,* mais nous n'avons pas le verbe qui devrait rendre l'idée de *mettre en action,* agir, etc. »

Nous suivons donc l'exemple de Talma, et comme lui, ne trouvant pas de terme plus convenable, nous continuerons à employer le mot *déclamation,* les lignes qui précèdent ayant appris aux élèves la valeur et l'insuffisance de cette expression.

Avant de songer à devenir acteur, l'élève doit

se livrer avec ardeur aux études relatives à son art — art par excellence — car il embrasse toutes les connaissances qu'exigent les autres. La nature nous fait naître comédiens, peintres, poëtes. Sans des dispositions exceptionnelles, on ne deviendra jamais un artiste hors ligne, quelque effort que l'on fasse pour vaincre les difficultés que l'on rencontre.

Ces dispositions, ou plutôt cette vocation admise, examinons quelles sont les connaissances nécessaires à quiconque aspire à devenir comédien.

D'abord, il doit parler et écrire correctement la langue dans laquelle il s'exprime, savoir l'histoire des peuples anciens et modernes, orner sa mémoire des chefs-d'œuvre des grands poëtes tragiques et comiques, étudier souvent les tableaux des peintres célèbres, afin de former son goût et de discerner le beau et le vrai.

Les jeunes acteurs, s'ils ont l'amour de l'art et celui du travail, sentiront bientôt le besoin d'étendre leurs connaissances et d'acquérir de l'instruction. A mesure qu'ils avanceront dans la carrière, ils étudieront les caractères dans toutes leurs nuances, les passions humaines dans toutes leurs phases. Ils observeront attentivement tout ce qui se passe autour d'eux, s'efforceront de mettre

leurs remarques à profit, et ils jugeront au point
de vue de leur art, non-seulement les hommes
qu'ils ont sous les yeux, mais encore les personnages historiques qu'ils ne voient pas. Enfin,
par ces études attrayantes, ils acquerront la
faculté de tout retracer avec cette vérité frap-
pante qui seule étonne, émeut le spectateur.

Le comédien doit être instruit, avons-nous dit
plus haut. En effet, dans sa carrière théâtrale
l'acteur est appelé à juger les ouvrages dramatiques, à pressentir leur résultat, leur succès ou
leur chute.

Osera-t-il émettre son opinion, s'il n'a pas des
connaissances littéraires? osera-t-il demander à
l'auteur d'un ouvrage dramatique des retranche-
ments ou des additions dans un rôle, s'il n'a pas
de bonnes raisons à invoquer à l'appui de sa
réclamation? Ne faut-il pas qu'il puisse raisonner
sur le caractère et la situation des personnages?
peut-il ignorer les temps, les lieux où se sont
passés les événements que l'auteur veut mettre
en scène?

Associés aux auteurs célèbres, les acteurs sont
pour eux plus que des traducteurs. Ceux-ci
n'ajoutent rien à la pensée de l'auteur qu'ils tra-
duisent; le comédien, en se mettant fidèlement à
la place du personnage qu'il représente, doit

compléter la pensée de l'auteur dont il est l'interprète.

Aussi, fort de notre expérience, ne cesserons-nous pas de répéter aux élèves : Étudiez, travaillez sans relâche, avec courage, avec amour; point de véritable talent sans l'instruction, et le véritable talent, c'est la gloire, c'est l'indépendance, c'est la fortune (*)!

Avant d'apprendre le rôle qui lui a été donné, que le jeune élève lise et relise avec attention la pièce dans laquelle il doit jouer; qu'il réfléchisse avec soin, qu'il analyse les phrases, les tirades pour s'en rendre un compte exact; et s'il veut faire mieux encore, qu'il écrive son opinion sur l'ouvrage, en traçant le caractère et la physionomie du personnage qu'il est appelé à représenter, tel qu'il le voit, tel qu'il le comprend. Ce travail tout en développant le jugement de l'élève, offre en outre l'avantage de l'exercer et de le perfectionner dans l'art d'écrire.

Si nous voulions ajouter l'autorité d'un mémo-

(*) On a si bien compris en France cette nécessité pour les jeunes comédiens, qu'on vient de créer, au Conservatoire de Paris, un cours de littérature et d'histoire, dont Samson, comédien du plus haut mérite et écrivain remarquable, a été nommé professeur.

rable exemple aux conseils que nous donnons ici aux artistes qui commencent, il nous suffirait de transcrire quelques lettres de Ducis à Talma. On verrait l'auteur tragique recevoir avec gratitude les avis du grand tragédien, lui demander des plans de scènes et d'actes tout entiers; puis Talma travailler, corriger des vers, en refaire d'autres, développer des situations et des caractères, composer des scènes nouvelles que Ducis s'empresse d'accepter, en lui écrivant : *Tout est solidaire entre nous* (1803); *il est dit de toute éternité que Talma et Ducis sont des compagnons d'amitié, de tragédie et de chambrée* (1805). *Mon théâtre... vous savez que je vous l'ai* DONNÉ*, qu'il vous appartient, que vous en êtes maître... Donnez-moi, mon cher Talma, vos idées sur mes pièces, etc.* (1811). *Envoyez-moi le plus tôt possible le changement dans le cinquième acte d'Hamlet... je vous prie aussi de m'envoyer la copie* EXACTE *du cinquième d'Abufar, telle que vous me l'avez lue chez vous, etc.* (1811).

Il nous serait facile d'augmenter le nombre de pareilles citations en fouillant dans la vie des artistes contemporains de Talma, mais sans remonter aussi haut, jetons les yeux autour de nous, et nous verrons que les célébrités dramatiques de tous les pays sont, non-seulement des comédiens remarquables sur la scène, mais aussi des hommes éminents dans la littérature et les arts.

Outre les dispositions naturelles et l'amour du travail, il est encore une qualité que doit posséder le véritable artiste. Nous voulons parler de la dignité de sa vie privée. Les acteurs ne sauraient trop veiller à leur réputation sous ce rapport, et leur vie privée influe sur leur succès plus qu'ils ne le pensent.

Sans doute une conduite régulière et honorable, de bonnes mœurs, ne peuvent remplacer le talent, mais elles le grandissent pour ainsi dire, le rendent plus sympathique et le font briller d'un plus vif éclat — tout comme un cadre d'or rehausse l'effet d'un beau tableau, tout comme une riche monture semble augmenter la valeur d'une pierre précieuse. Dans toute ville où il y a un théâtre, que les jeunes comédiens étudient l'opinion du public sur leurs camarades, et ils obtiendront bien aisément la preuve de ce que nous avançons; les jeunes comédiennes surtout...

Mais de crainte d'en dire trop ou trop peu sur cette matière délicate, nous emprunterons à une actrice célèbre le conseil qu'elle donnait aux comédiennes de son époque. Cette artiste est madame veuve Talma, depuis comtesse de Chalot. Nous copions textuellement :

4

« La carrière théâtrale est la plus belle sans doute, la plus fructueuse pour les hommes et pour les femmes. Mais ces dernières surtout se perdraient bientôt dans l'opinion publique, si, en embrassant cette profession, elles n'avaient un plan de conduite bien arrêté.

» Peu d'entre elles savent conserver la noblesse de sentiments qui repousse des tentatives avilissantes; et en s'égarant, elles font revivre un préjugé qu'elles justifient.

» Quel avantage n'aurait point une femme qui, sentant la dignité de son art, voudrait encore joindre au talent une conduite noble et réservée! Elle trouverait le bonheur dans la culture de sa raison, de son esprit, et pourrait fixer près d'elle une réunion de personnes éclairées, dont les entretiens, les conseils, agrandiraient ses idées et formeraient son goût; elle passerait la vie la plus heureuse, en marchant doucement à la célébrité. »

Une des principales causes des reproches que l'on adresse à quelques artistes touchant leur conduite, provient, croyons-nous, d'un préjugé malheureusement trop répandu. On prétend qu'étant appelés à peindre les passions, les comédiens doivent les connaître, c'est-à-dire, les avoir toutes éprouvées. Rien de plus faux que cette assertion. Un homme peut-il ressentir toutes les passions? Ne varient-elles pas selon les individus? Néron n'est pas amoureux comme Achille. Atalide et Roxane se disputent le cœur de Bajazet, mais quelle différence dans leur amour! Roxane fera tuer son amant, pour qu'il n'appartienne pas à une autre; Atalide, au contraire, consentira à être délaissée, pourvu que celui qu'elle aime soit heureux! L'une est l'amour égoïste, l'autre est l'amour tendre et dévoué. Les œuvres de nos grands maîtres offrent des milliers d'exemples de cette nature, que le professeur seul peut expliquer à ses élèves. Plusieurs volumes ne suffiraient point à les enregistrer.

Pour bien pouvoir retracer les passions, il faut les connaître, dit-on. Mais faut-il se livrer à l'ivresse pour savoir peindre ce vice hideux? Faut-il être assassin, pour réussir à faire frissonner les spectateurs par le spectacle du remords? Par ces simples réflexions, on voit où conduit un pareil raisonnement, dont l'absurdité frappera tous les esprits sérieux. Aussi ne nous y arrêterons-nous pas davantage.

Il est incontestable qu'une vie dissipée et irrégulière use la santé, la force, la sensibilité et même la fraîcheur de l'imagination.

« Il faudrait qu'un acteur fût élevé sur les

genoux d'une reine » disait le fameux comédien
Baron. Par ces paroles emphatiques, il voulait
sans doute faire comprendre que l'élégance des
manières , la noblesse des sentiments, puisée
dans la société des personnes instruites et distin-
guées, doivent être l'apanage de l'acteur.

III

LE COMÉDIEN CHANTEUR.

DÉCLAMATION LYRIQUE.

La musique est-elle une langue ou un art?

Les philosophes conviennent unanimement que la nature a lié tel son à l'expression de telle passion déterminée, ou à tel effet naturel; il s'ensuit que si la musique veut peindre des effets naturels, elle n'y parvient qu'à l'aide des sons, qui sont l'imitation de ces mêmes effets; et si elle veut peindre les hommes, elle n'y parvient que par des sons, qui sont l'expression des passions

4.

suivant les caractères. Aussi personne ne doute que la musique ne soit évidemment d'institution naturelle, et non arbitraire. Mais est-elle une langue, est-elle un art?

Une langue est la totalité des mots mis en usage chez une nation pour exprimer ses besoins et ses pensées par la voix. La musique n'a point de mots, donc elle n'est point une langue. Elle a un langage, sans doute; la poésie et la peinture n'en ont-elles pas un aussi? Et quoique la poésie ne puisse se produire qu'à l'aide d'une langue et d'une langue très-riche, jamais on n'a dit que la poésie fût une langue.

Un art est la collection et la disposition technique des règles d'après lesquelles on peint les effets naturels, les hommes et les passions. La peinture fait revivre les effets naturels, les hommes et leurs passions, par les formes et par les couleurs; ce n'est point une langue, c'est un art : la poésie peint les effets naturels, les caractères, les passions, les événements par les mots; c'est un art : la musique peint aussi les effets naturels, les caractères, les passions, les sentiments, par les sons; c'est un art.

Toutes ces définitions prouvent que la poésie, la peinture et la musique sont trois sœurs qui se tiennent par la main, qui puisent leurs richesses à la même source, mais qui les emploient par des moyens différents (*).

Il n'est point de notre domaine de traiter ici la question musicale ni de toucher à l'art du chant : nous empiéterions sur un terrain qui n'est pas le nôtre et sur lequel assurément nous courrions risque de nous fourvoyer. Disons en passant que le Conservatoire de Bruxelles compte dans son sein des professeurs de chant, formés par l'éminent musicien, M. Géraldi. Ils ont fait preuve d'une connaissance parfaite de leur art. Leur enseignement est habile et surtout pratique. Plusieurs élèves sortis de leurs classes se sont fait un nom sur les théâtres de France et de Belgique. Leurs succès témoignent de l'excellence des maîtres qui les ont formés et de la savante impulsion que M. Fétis, l'illustre directeur, a donnée au Conservatoire d'où ils sont sortis.

Nous resterons dans la spécialité de cet ouvrage, et nous dirons à l'élève qui se destine à l'opéra : « Avant de chercher à connaître les passions et les caractères, c'est-à-dire avant de faire le travail nécessaire au comédien, vous devez savoir quel est l'instrument dont vous voulez vous servir,

(*) Ces définitions appartiennent à M. Boisquet, qui nous a fourni d'excellentes idées sur le comédien chanteur.

quelles sont ses ressources, ses richesses et, d'un autre côté, sa faiblesse.

Nous lui apprendrons qu'il y a deux espèces de voix bien distinctes, la voix de parole et la voix de chant.

VOIX DE CHANT. — La voix de chant se forme exclusivement dans le larynx; les sons en doivent être soutenus assez longtemps pour faire entendre leurs harmoniques; leur succession se fait par des degrés appréciables.

VOIX DE PAROLE. — La voix de parole demande plus d'action aux autres parties de la bouche; ses sons passent trop rapidement pour faire entendre leurs harmoniques, et leur succession se fait d'une manière brusque et par des degrés inappréciables.

Rousseau, d'après M. Dodart, dit qu'il y a une telle différence entre elles, que si nous n'avons jamais entendu un chanteur, quelque connaissance que nous ayons de sa voix de parole, nous ne le reconnaîtrons pas à sa voix de chant.

Les organes de la voix sont : les poumons, le diaphragme, la trachée-artère, le larynx, la glotte et l'épiglotte; la définition de ces divers organes est ici fort inutile : le premier livre d'anatomie y suppléera.

Dodart fait de la voix un instrument à vent;

Ferrein en fait un instrument à cordes. Comme ces deux systèmes ne changent en rien la pratique du mécanisme nécessaire pour bien chanter, nous laisserons aux médecins et aux autres savants l'honneur de décider cette question.

Quelle que soit leur décision, il est incontestable aujourd'hui que l'enseignement du chant a atteint un degré de perfection qu'il paraît impossible de surpasser. La voix de parole, au contraire, est tellement négligée, qu'il est rare de trouver un chanteur d'opéra-comique qui dise passablement le poëme de son rôle. Le public applaudit le chanteur et reste froid devant le comédien; et chose étrange! deux artistes chantent un duo avec une justesse irréprochable; après ce duo, arrive une scène parlée, et ces mêmes artistes détonnent, prennent des diapasons impossibles, enfin *parlent faux*. Nous ne saurions trop recommander aux élèves qui se destinent à l'opéra-comique les cours de déclamation institués dans tous les Conservatoires de musique.

Passons aux conseils généraux que nous croyons utile de donner au comédien chanteur.

Le temps n'est plus où un chanteur vêtu d'un costume de fantaisie, qui, sans respect pour la vérité historique ou locale, appartenait à tous les peuples et à toutes les époques à la fois, et fort souvent n'appartenait à aucune, le temps n'est plus, disons-nous, où ce chanteur, sans s'occuper du drame qui s'agitait autour de lui, se contentait de faire entendre au public les notes de sa belle voix. Que signifiait l'action pour lui? Rien. Quelle part y prenait-il? Aucune. Le parterre d'autrefois eût craint de se montrer trop exigeant en demandant que le chanteur ajoutât à ses qualités celles du comédien. Peu initié aux études historiques, habitué aux costumes de convention des acteurs qui ne se faisaient aucun scrupule d'affubler des modes du jour les héros du moyen-âge, le public demandait au chanteur de la voix, quelque méthode, et faisait bon marché du reste.

Nous sommes devenus plus difficiles; nous voulons aujourd'hui que l'artiste soit en même temps mime et comédien; nous voulons qu'il vive de la vie des héros qu'il évoque; nous voulons que son costume, sa démarche, ses gestes, sa physionomie soient continuellement en rapport avec le personnage qu'il représente; que tout concorde, enfin, avec l'action que l'auteur a imaginée, pour produire la plus complète illusion.

Ces qualités ne sont point les seules que nous ayons à exiger du chanteur; il faut que sa prononciation soit nette et qu'une articulation franche nous permette de comprendre aisément ce qu'il dit et ce qu'il chante, de manière à suivre sans fatigue le drame qui se déroule sous nos yeux.

Cette partie de l'éducation se nomme la *déclamation lyrique;* c'est l'art d'adapter à la scène les exigences du chant, de dramatiser la mélodie et de faire, en un mot, un *comédien chanteur.*

Le travail, en quelque sorte préparatoire, de la prononciation, de l'articulation, doit être suivi d'études plus spéciales; c'est dans l'ancien répertoire tragique et comique que le professeur choisira les rôles que l'élève doit apprendre. Ces rôles doivent être en rapport avec l'emploi que l'élève est appelé à tenir dans l'opéra et auquel ses qualités vocales le destinent.

Le *grand opéra* est d'ordinaire le tableau des grandes actions, des passions violentes, des sentiments énergiques, des situations terribles; c'est la tragédie en musique. L'*opéra-comique* est le cadre des caractères, des sensations douces, des situations parfois sérieuses et plus souvent comiques; c'est la comédie, aidée de la mélodie.

Ces deux genres exigent des qualités différentes. Les études doivent donc suivre deux routes distinctes. On comprend, en effet, que si le cadre du drame a des dimensions restreintes ou grandioses, les moyens du chanteur doivent

être en harmonie avec ces diverses conditions.
Tout, dans le grand opéra, est établi dans des
proportions exceptionnelles; tout concourt à la
splendeur d'une action empruntée à l'histoire ou
aux récits fabuleux de la légende : des décora-
tions magnifiques, un concours immense de
choristes, de figurants, de danseurs, une instru-
mentation puissante, etc. C'est l'épopée mise en
action sur la scène lyrique. Le chanteur doit
donc s'inspirer de tous les éléments grandioses
qui l'entourent et se maintenir à leur hauteur par
son style, sa tenue, son allure, son *faire*, s'il est
permis de s'exprimer ainsi.

L'opéra-comique plane dans des régions moins
élevées; il est établi dans de moins vastes proportions. C'est, selon l'ancienne dénomination, *la
comédie mêlée d'ariettes*.

Au grand opéra, à nous faire connaître le héros;
à l'opéra-comique, à nous faire voir l'homme; le
premier est un tableau d'histoire, le second est un
tableau de genre.

Tels sont en général les caractères tranchés, les
deux grandes divisions de l'opéra; cependant, il
arrive quelquefois que ces différences s'effacent
en partie et que telle œuvre, classée, étiquetée
comme grand opéra, est par son style, par sa
nature, par son sujet, un opéra-comique auquel

on semble avoir cousu un récitatif : ainsi le *Philtre,* ainsi le *Cheval de bronze,* transplantés récemment, grâce à des soudures musicales, à l'*Académie Impériale de musique.* Il arrive aussi que plus d'un opéra, dit *comique,* touche par bien des points au grand opéra : ainsi *Quentin Durward,* l'œuvre déjà célèbre de M. Gevaert, ainsi le *Val d'Andorre,* ainsi l'*Étoile du Nord.*

Ces exceptions n'infirment en rien la règle que nous établissions plus haut, et les rapports de genre n'en existent pas moins, en *thèse* générale, entre la tragédie et le grand opéra, la comédie et l'opéra-comique.

Partant de ce principe, le fort ténor choisira ses rôles d'étude dans les héros tragiques de Corneille, de Racine, de Voltaire, à moins que le compositeur n'ait cru devoir déroger à cette règle. La basse choisira ses rôles dans les pères, les rois de tragédie ; la première chanteuse dans les reines, les princesses, et ainsi de suite pour les autres emplois ; les élèves destinés à l'*opéra-comique* trouveront dans les comédies de *Molière,* de *Regnard,* les sujets d'étude qui se rapprochent du genre auquel ils se destinent.

Les élèves s'identifieront ainsi à ces personnages, ils acquerront peu à peu la noblesse dans la démarche, l'ampleur dans le geste, la dignité

et la grâce dans la tenue, dans le port de tête,
qualités indispensables à l'artiste.

Comme pour le comédien, la physionomie du
chanteur doit toujours être en rapport avec le
sentiment qu'il veut exprimer. Si l'artiste s'est
sérieusement pénétré de l'esprit de son rôle, s'il
en a bien étudié le caractère, bien compris les
joies, les douleurs, il lui sera facile de faire passer
sur son visage les impressions du personnage
qu'il représente : son imagination exaltée com-
muniquera bientôt à son âme une émotion qui
se peindra sur sa physionomie. Son œil s'al-
lume et brille. Une éloquence muette, communicative, pénètre de lui au spectateur, plus
puissante même que la parole. Tout artiste qui
n'a pas cette puissance magique du geste, du
regard, n'offre qu'un masque froid et insignifiant
ou ridicule et grimacier.

L'éloquence des yeux est un don naturel ; l'art
ne peut le donner, car il n'est autre chose que
l'âme reflétée par le visage. L'art ne crée pas l'âme,
il la développe. Il faut que le foyer d'où jaillit
l'étincelle, si faible qu'elle soit, existe. Cependant,
plus encore que le comédien, le chanteur doit
rester maître de ses mouvements, il doit marcher, gesticuler, s'agiter sans ces contractions
nerveuses qu'admet le drame parlé. La force

physique du chanteur doit résider surtout dans la poitrine et rester au service de la voix.

Que le comédien, auquel, dans une situation émouvante, les larmes semblent couper la parole, dont la voix peut impunément se briser, cherche à s'impressionner vivement et à s'approprier, en quelque sorte, les sensations qu'il veut communiquer au public, rien de mieux; rien ne le gêne, rien ne le commande, ni la mesure, ni les préoccupations d'une émission de voix soumise aux règles inflexibles du chant.

Si la voix semble lui faire défaut, si les larmes semblent l'arrêter, cette apparente émotion sera communicative et son succès d'autant plus grand; mais le chanteur ne peut paraître s'oublier au même point; les manifestations doivent être plus contenues chez lui, rester en quelque sorte extérieures. C'est la voix qui est toute son âme; le geste, la physionomie ne peuvent qu'en aider l'expression; c'est par la voix surtout qu'il arrivera à l'effet dramatique.

Sans doute, le geste doit être aussi, pour le chanteur, l'objet d'une étude spéciale; mais le geste est, dans l'opéra, subordonné aux exigences de la musique; il faut qu'il s'adapte, pour ainsi dire, à la note, aux inspirations mêmes du compositeur. L'emploi d'une phrase mélodieuse imposera parfois au chanteur la nécessité de répéter plusieurs fois les mêmes paroles. Le geste doit être sobre, varié comme les sentiments qu'on exprime, éviter la monotonie surtout. C'est l'accompagnement, le complément de la parole. Il la *souligne* en quelque sorte. Il ne faut donc pas que la partie accessoire devienne le principal, et que la parole ne semble plus être que le complément du geste. Qu'il soit au besoin développé, mais sans exagération, qu'il soit élégant mais exempt de prétention.

La pratique, les répétitions fréquentes sous les yeux du professeur conduiront aisément l'élève attentif et intelligent à l'emploi sobre et mesuré du geste que la théorie la plus développée ne saurait qu'imparfaitement indiquer.

Nous avons employé, au Conservatoire royal de Bruxelles, une méthode qui a déjà produit d'excellents résultats. Cette méthode consiste à faire réciter à l'élève chanteur le poëme de son rôle; c'est-à-dire : les mots tels qu'ils sont écrits sous les notes.

A l'aide de ce travail fort simple, l'élève parviendra à raisonner le caractère de son personnage; il comprendra mieux le sentiment qui a animé le compositeur, il connaîtra les mots de valeur qui doivent être *soulignés* par la voix et

pourra sans gêne et sans afféterie varier son geste
et l'expression de sa physionomie, lorsque, selon
les exigences de la musique, les vers ou les mots
sont répétés plusieurs fois de suite.

Enfin, il perfectionnera la prononciation et
l'articulation dont nous avons déjà démontré la
nécessité. Pour bien prononcer en chantant, on
fait sonner brièvement les consonnes en s'arrê-
tant sur les voyelles, ce qu'on appelle articuler.
Le frappé plus ou moins fort des consonnes et la
force ou la douceur de la voix sur les voyelles
donnent la différence de l'effet le plus énergique
à la plus grande douceur. Tout ce mécanisme
doit se lier sans affectation.

Il faut éviter de parler par saccades, comme
de traîner tous les mots, à moins que la passion
poussée jusqu'au paroxysme ne l'exige.

Si la langue s'aplatit, la base s'approche du
palais, la voix monte dans la tête et la prononciation devient molle. Si par malheur on ouvre la
bouche en abandonnant la mâchoire inférieure,
la langue devient convexe au lieu d'être concave,
le son part comme un coup de fouet et produit un
éclat désagréable. L'articulation se calcule d'après
les lieux où l'on chante. Dans un vaste théâtre un
chanteur de grand opéra doit articuler fortement ;
dans un petit théâtre on donne moins de force

et ainsi de suite jusqu'à la chambre d'un malade.

Sommes-nous au bout, avons-nous enfin conduit l'élève jusqu'au jour où il doit se faire juger, accepter ou condamner par le public, seul juge de son mérite et de ses efforts? Pas encore, sans doute. Il nous faudrait de plus l'initier à certaines parties matérielles de la science théâtrale, aux convenances de la scène, aux exigences de l'action, à l'art d'habiller, de grimer artistement le personnage qu'il fait revivre, etc... Mais nous ne prétendons donner ici que des aperçus généraux et non point une étude approfondie de la matière. Si nous avons, déclarant notre incompétence, négligé complétement la partie vocale et vivement appuyé sur les qualités de comédien que nous demandons au chanteur d'opéra, c'est que nous voulions prévenir les élèves contre un préjugé, une routine qui tendent à faire croire que la science du chant suffit pour parcourir brillamment là carrière théâtrale.

Les illustrations dramatiques, les artistes lyriques dont les noms appartiennent à l'histoire du théâtre et de l'art, ceux qui ont compris qu'une belle voix savamment conduite ne suffisait pas pour émouvoir, séduire, entraîner le public, et qui ont mené de pair les études lyriques et dramatiques, sont seuls parvenus à la célébrité.

Sans les principes de l'art du comédien, l'on n'est jamais qu'un chanteur de concert et l'on ne peut espérer que des succès éphémères; l'on ne peut attendre que des applaudissements d'un auditoire restreint qui n'est pas toujours apte à saisir le fini, le style, les qualités spéciales du chanteur.

Mettez au service d'une voix même ordinaire la science du comédien, et il soulèvera les masses, il fera oublier par ses qualités mimiques et dramatiques ce que sa voix a d'imparfait, de défectueux. Si, dans l'opéra, le chanteur a souvent sauvé le comédien, si le charme sympathique d'une voix suave ou puissante, d'une méthode habile, a préservé l'artiste lyrique d'un naufrage sur cette mer dramatique semée de tant d'écueils, reconnaissons aussi qu'un succès éclatant et durable, qu'une réputation solide n'ont jamais été le prix de ces talents incomplets.

Études vocales et lyriques, études dramatiques doivent donc marcher de pair et exigent chez l'élève même constance, même application, même travail.

IV

L'ORATEUR.

L'éloquence est la faculté d'agir sur les esprits et sur les âmes, par le moyen de la parole; sur les esprits, par l'instruction; sur les âmes, par les émotions. On peut appeler aussi l'éloquence, l'art de convaincre à force de passionner.

Le premier théâtre de l'éloquence dans le monde connu fut la Grèce, ou plutôt Athènes, et Démosthène a été le plus éloquent des orateurs. On lui demandait quelle était la première partie de l'art oratoire? Il répondit : L'action. Quelle était la seconde? L'action encore; la troisième? Encore l'action; voulant faire entendre sans doute que toutes les autres parties qui composent l'art oratoire sont comptées pour peu de chose. Il l'avait trop sensiblement éprouvé, pour n'en être pas convaincu. Ce prince des orateurs, malgré la puissance de son génie et la vigueur de son élocution, ne fut bien accueilli que lorsqu'il eut compris que, sans l'action, les plus belles choses ne sont qu'un corps sans vie, plus propres à glacer l'auditeur qu'à l'échauffer. Ce fut un comédien qui eut l'insigne honneur d'éclairer Démosthène.

DE L'ACTION. — L'action consiste dans trois choses : la mémoire, la voix, le geste, qui tous trois se cultivent par l'exemple, la réflexion, la pratique. La sensibilité est le principe de toute action; beaucoup de contraste dans la voix et dans le geste, c'est là ce qui rend l'action si puissante.

Il faut rassembler toute la force de l'action dans la physionomie plutôt que dans les bras, car

> « La nature nous forme et nous donne des traits,
> Mais c'est l'âme qui fait la physionomie. »

DE L'ATTITUDE. — L'attitude, le maintien,

expliquent mille choses que l'orateur ne peut exprimer, parce qu'alors il serait trop prolixe. Il faut qu'il juge, d'après la nature de son discours, quelle attitude et quel maintien il doit choisir. Son corps ne doit jamais garder la même position quand ses idées changent d'objet. S'il a *fortement* conçu, malgré lui son attitude conviendra au sujet, et tous les mouvements de sa tête et de ses bras s'accorderont parfaitement.

DU GESTE. — Le geste est le mouvement des bras, et non pas le mouvement de la main. Il importe d'être ferme sur ses pieds qui sont comme la base du corps, et de laquelle part toute l'assurance du geste. Les gestes deviennent plus faciles lorsque le corps est incliné; quand il est droit, si les bras sont longs, on risque de manquer de grâce. La noblesse vient de la perfection du geste, plus que de toute autre chose.

Tout homme a son geste qui est à lui, et à lui seul. Cette propriété d'expression lui fait parler d'une manière propre la langue qui appartient à tout le monde, et le met en état de s'exprimer avec une sorte de nouveauté, en se servant de mots qui n'ont rien de nouveau. C'est ce charme de nouveauté qui nous attache à tel orateur plutôt qu'à un autre. Faites prononcer tour à tour la même harangue par deux hommes : l'un nous plaît, l'autre nous ennuie; c'est que l'un joint au langage des mots un langage d'action, clair, précis, naïf; l'autre n'a que des gestes vagues, faux, ou d'un sens peu énergique.

Pour ne point prodiguer ses gestes mal à propos, il faut se convaincre d'une vérité, c'est qu'il n'en existe que de trois sortes : le geste instructif, le geste indicatif et le geste affectif. Le premier n'est autre que la parodie d'un personnage quelconque. Le geste indicatif marche avec toutes les expressions du discours : il fixe l'attention de l'auditeur, et supplée souvent à la parole. C'est celui de tous qui exige le plus d'intelligence, puisqu'il doit être d'accord avec la pensée que l'on exprime. Le geste affectif est le tableau de l'âme : c'est celui qui sert la nature quand elle veut se développer, et qu'elle se livre aux impressions qu'elle reçoit; c'est la vie des sensations que l'on éprouve et que l'on veut faire éprouver aux auditeurs. Mais ce geste se subdivise en mille nuances différentes, parce que les passions, ayant leur langage particulier, doivent, par la même raison, avoir le geste qui leur est propre.

Une langue, quelque énergique, quelque riche qu'elle soit en mots et en tours, reste, en une infinité d'occasions, au-dessous de l'objet qu'elle

veut exprimer. Il y a des choses qu'elle ne rend
qu'avec obscurité : elle ne fait souvent que des-
siner ce qui doit être peint. Un coup d'œil dit
plus vite et mieux que tous les discours. Combien
de détails charmants qui doivent tout à l'art et
au génie de l'orateur, et qui, s'ils n'avaient que
les paroles, ne seraient qu'une ébauche à peine
dégrossie! Le langage de la déclamation est aussi
fécond et aussi riche qu'il est énergique. Il a des
expressions pour figurer avec les paroles. Pas
une seule pensée qui n'ait son geste et son ton ;
mais il faut, entre le geste et la parole, un accord
parfait, nous l'avons déjà dit.

La flexibilité des gestes et des tons existe dans
les périodes comme dans les pensées et les mots.

La période est-elle composée de plusieurs
membres, il y a un ton qui annonce le premier,
un autre qui annonce le second, un autre le
troisième, et un enfin, qui avertit l'esprit et
l'oreille que le repos final et absolu va venir.

Il y a, comme dans le style, harmonie, nombre,
variation de mélodie dans les gestes.

DE LA PRONONCIATION. — La perfection de l'art
de bien dire consiste à nuancer chaque chose
par le plus ou moins d'énergie, de noblesse, de
sensibilité. Il faut un exercice continuel pour
soumettre la prononciation à la justesse des

intonations. Ce travail dépend moins de la force
des poumons que de l'accord parfait des sons qui
doivent se succéder sans fatigue et sans être
heurtés.

Pour bien prononcer par la suite et avec facilité,
il faut ouvrir d'abord extrêmement la bouche,
s'accoutumer de bonne heure à parler doucement, à distinguer les sons, soutenir les finales,
séparer les mots, les syllabes, et même certaines
lettres qui pourraient se confondre et produire
par ce choc un mauvais son.

Une prononciation trop rapide fatigue; trop
lente, elle impatiente ou ennuie. En principe
général, quand un mot est fort par lui-même,
comme *horreur, sacré*, il est inutile de le ren-
forcer, il suffit de le bien prononcer.

Un défaut quelconque de prononciation nuit à
la chaleur, aux élans de la sensibilité, et dès lors,
à l'effet. On ne saurait lutter trop longtemps
contre cet obstacle.

On peut accentuer un mot de dix manières
différentes, et par ce moyen lui donner dix
expressions diverses.

Il y a des mots qui demandent une prononciation simple, sans fermeté, comme ceux-ci : *bonté,
vertu, bonheur*, enfin tous ceux qui expriment
des affections douces.

Au contraire, dans *vice, crime, coupable,* etc., il faut articuler, appuyer plus fortement, plus ou moins longuement.

Le temps avec lequel on prononce certaines syllabes et même une seule voyelle dans certains mots donne souvent une grande force au discours, et l'on parvient ainsi à mieux teindre les mots saillants des sentiments qu'ils expriment.

La prononciation doit être claire ; deux choses peuvent y contribuer : 1º bien articuler toutes les syllabes ; 2º savoir soutenir et suspendre sa voix par différents repos et différentes pauses dans les divers membres qui composent une période ; la cadence, l'oreille, la respiration même demandent des repos, qui jettent beaucoup d'agrément dans la prononciation.

Ce n'est pas par de violents efforts, ni par de grands éclats, qu'on vient à bout de se faire entendre, mais par une prononciation distincte et soutenue. L'habileté consiste à savoir ménager adroitement les différents ports de sa voix, à commencer d'un ton qu'on puisse *hausser* et *baisser* sans peine et sans contrainte, à conduire lentement sa voix, de manière qu'elle puisse se déployer tout entière dans les endroits où le discours demande beaucoup de force et *beaucoup de véhémence.*

Un très-grand avantage qu'on tire des repos que l'on prend en récitant ou en improvisant, c'est de trouver des *inflexions vraies*, c'est de se pénétrer davantage dé son sujet; en allant vite, on ne peut point penser à ce que l'on va dire; donc on ne peut pas le dire bien. En prenant des repos, on captivera facilement l'attention des auditeurs. Par un repos ou un silence adroitement préparés, l'orateur laissera à une belle pensée le temps d'être bien saisie, à un sentiment profond, celui de s'insinuer vivement dans tous les cœurs.

Rappelons-nous saint Luc qui dit dans son Évangile, chap. IV : « La manière d'enseigner de Jésus-Christ remplissait d'étonnement, parce que sa parole était accompagnée de puissance et d'autorité. »

J.-J. Rousseau (*Émile,* t. Ier) dit : « Ce qui empêche les enfants d'acquérir une prononciation nette, c'est la nécessité d'apprendre par cœur beaucoup de choses, et de réciter tout haut ce qu'ils ont appris, car en étudiant ils s'habituent à barbouiller, à prononcer négligemment et mal. En récitant, c'est pis encore; ils cherchent leurs mots avec effort, ils traînent et allongent leurs syllabes. Il n'est pas possible que, quand la mémoire vacille, la langue ne balbutie pas. Ainsi

se contractent et se conservent les vices de prononciation... »

Combien de jeunes gens auraient pu s'illustrer
en suivant la carrière du barreau, de la tribune
ou de la chaire, s'ils eussent été convaincus que
certains avantages refusés par la nature s'ac-
quièrent par l'étude, par l'imitation et par le
travail!

Nous ne citerons point ici l'exemple de Démosthène. Tout le monde sait ce que l'histoire nous
dit sur les difficultés qu'il eut à combattre.

Sauf quelques nuances, que l'instruction et
l'expérience feront saisir sans peine, nous devons
trouver chez l'orateur les mêmes qualités, les
mêmes études, que nous demandons au comédien. La harangue d'un ambassadeur, celle qui
s'adresse à la foule, et certains discours prononcés
à la tribune, exigent naturellement un peu de
déclamation; elle ne doit. pas cependant aller
jusqu'au chant, mais elle doit donner à la diction
une dignité mâle, imposante et soutenue.

Lemercier, qui a publié, en 1818, une brochure
sur le second Théâtre-Français, a adressé les
lignes suivantes aux comédiens, en leur donnant
pour modèles les orateurs : ... « Affermi dans sa
méthode, l'élève, après une sérieuse étude, ne
craindra plus de porter sa diction à la hauteur

6.

de l'accent oratoire; accent de vérité, de persua-
sion, de force et de dignité tout ensemble; accent
convenable à la noblesse de certaines expositions
tragiques, à la majesté des conseils des rois, des
sénats, aux harangues des princes, des chefs du
peuple, aux discours des ambassadeurs, à ceux
des pontifes, aux organes des tribunaux. Sera-ce,
en effet, d'un ton vulgaire qu'Oreste, chargé des
volontés de toute la Grèce, viendra demander la
mort d'Astyanax au roi d'Épire? Sémiramis, du
haut de son trône, énoncera-t-elle familièrement
à ses sujets rassemblés, son vœu de partager avec
un époux le poids de la suprême puissance?
Veut-on que Brutus, au nom du peuple romain, réponde aux envoyés des ennemis de la
république, sans que la grandeur de la cause
respire en ses paroles? que Mithridate, vaincu,
persuade à ses fils la possibilité de ses triomphes
dans l'Italie, en dépeignant, par une élocution
terne et commune, le brillant tableau de ses
entreprises? qu'Agrippine ne relève pas son débit
du sentiment d'orgueil dont la remplit le souvenir de son rang, de ses services et de ses droits
devant un fils ingrat qu'elle a couronné? qu'enfin
Sertorius, en présence de Pompée, traite le sujet
des discordes civiles comme un mince intérêt
domestique? En de pareils rôles, en de telles

situations, il ne faut ni excès de faste, ni vaine
enflure; mais il y faut quelque pompe, une
énergie soutenue, une largeur proportionnée
aux caractères des personnages, à l'importance
de leurs entretiens, aux formes que leur prête
l'imagination; autrement la scène se rétrécit,
l'ennui détache le public des intérêts qu'on y
débat; et ce qui eût été grand, n'est plus que
pesant. Là, le parler trop simple cesse d'être
vrai. Prenez les hommes publics pour modèles;
écoutez-les dans les chambres législatives, dans
les magistratures, dans les cours des souverains
qu'ils vont haranguer : s'énoncent-ils comme
dans la vie privée? Demandez-vous comment
Bossuet dut proférer les magnifiques périodes de
sa prose, pleine de lumières et de foudres divines?
de quel accent le chancelier d'Aguesseau prononçait, devant la justice, ses pénétrantes mer-
curiales? quelle solennité naturelle l'avocat
Gerbier donnait au ton de cet organe si beau, si
sonore, quand il le consacrait à soutenir les droits
de l'innocent et du pauvre? voilà votre étude,
après celle de l'histoire . . . .

« Là, du milieu des menaces et des rugisse-
ments que suspendait toujours la touchante
élocution de Vergniaud, sortaient la pureté,
l'abondance de toutes les inflexions vocales que

peut embellir un timbre mélodieux longtemps
exercé par la tribune. Il plaidait souvent pour
le peuple, au nom duquel on l'immola : sa bouche
en provoqua l'appel à la défense d'une tête
auguste... Bientôt, il alla résigner la sienne à
l'affreux tribunal que présidait le meurtre, et là
je l'écoutai pour la dernière fois. En chacune
de ces situations solennelles, la dignité de son
accent égalait celle de ses tragiques plaidoiries ;
et tandis qu'en lui s'accomplissait sa prophétie
ingénieusement exprimée : « La révolution est
comme Saturne, elle dévorera tous ses enfants, »
cet orateur ne laissa pas même, à l'approche de
la mort, altérer la noblesse et la simplicité du ton
avec lequel il prononça : « Je suis venu pauvre
à la révolution, et je m'en retourne pauvre à
l'échafaud. »

Ce n'est pas seulement aux acteurs et aux
orateurs que l'art de la déclamation est nécessaire.
Quiconque veut lire les bons auteurs n'en sentira
jamais toutes les beautés, s'il ne connaît ni la
valeur d'une inflexion, ni celle d'un geste. Il faut
que le lecteur sache élever la voix, la baisser,
l'attendrir, l'altérer ou l'éteindre, selon le personnage ou l'action qu'il a sous les yeux. Il faut
qu'il voie Œdipe se frappant le front et hurlant
de douleur, ou qu'il s'enflamme comme Cicéron

contre les Clodius, les Catilina, etc. Lemercier, dans la brochure que nous venons de citer, s'exprime ainsi à ce sujet : « Bien parler est rare, bien déclamer est plus rare encore ; j'oserai en énoncer le pourquoi sans craindre que les vrais grammairiens me contredisent, c'est que trop peu d'hommes savent lire ; très-peu même parmi ceux qui écrivent ou qui débitent en public de la prose ou des vers composés par eux. On aurait lieu de sourire ou de se récrier à cette assertion, si je ne l'expliquais ; j'ai de quoi prouver néanmoins qu'on est plus frappé qu'autrefois du défaut commun aux mauvais lecteurs, depuis que se sont tant multipliés les discours. Il se signale dans nos tribunes d'État, dans nos chaires d'enseignement, et jusque dans nos académies. Pourtant du sein de ces dernières, dont l'une est spécialement instituée pour la conservation de la langue, devraient et pourraient être émises toutes les règles de correction prosodique.

« Lorsque j'avance qu'on a besoin d'apprendre à lire, je n'entends pas désavouer qu'on ne s'énonce pas avec une sorte de régularité vulgaire ; mais j'entends qu'on néglige une pureté de diction juste et supérieure qui me semble nécessaire aux maîtres en littérature pour instruire et charmer leur auditoire. »

Cette lacune dans l'éducation des hommes destinés à parler en public existe-t-elle encore aujourd'hui? Nous laisserons à des gens plus expérimentés que nous sous ce rapport le soin de répondre.

DES INFLEXIONS. — Comme l'acteur, l'orateur doit faire subir à sa voix un travail de chaque jour, en parcourant tous les tons, respectueux, amical, ironique, méprisant, froid, humain, raisonnable, léger, patriotique, plaintif, simple, naïf, aigre, doux, haut, bas, impétueux, hautain, fier, moqueur, railleur, lamentable, élevé, impérieux, soumis, grave, badin, triste, gai, plaisant, etc. L'organe deviendra flexible, juste, facile à diriger, et s'enrichira des intonations ou inflexions qui forment la musique expressive sans laquelle le discours resterait monotone et presque inintelligible.

Les inflexions donnent la vie aux paroles. Les jeunes gens qui se destinent à parler en public doivent donc rechercher avec ardeur la variété des inflexions; ils doivent, pour ainsi dire, faire de leur voix un instrument propre à rendre tous les sons.

L'orateur qui trouve une inflexion nouvelle, fait autant pour son succès, à notre avis, que le chanteur qui, à force d'exercice, augmente sa

voix d'une note. Pour mieux faire comprendre
et pour mieux faire apprécier le magnifique parti
que l'on peut tirer des inflexions, nous emprun-
tons à madame Talma un exemple dans les mots
les plus simples.

« BONJOUR, MONSIEUR. — Lorsque ce mot est
dit dans le sens qu'on lui donne le plus habituellement, ce n'est qu'une simple formule de politesse : elle devient agréable par la netteté d'une
bonne prononciation, et surtout par les inflexions
qui l'accompagnent.

« La voix doit être douce, claire et modulée.

« La manière de dire, *bonjour, monsieur,* dans
le sens de la politesse, est pratiquée par toutes
les personnes bien élevées. Cependant j'en ai ren-
contré qui disaient faux : pourquoi? C'est qu'elles
ne connaissaient point l'usage des inflexions, et
que chez elles la voix et l'oreille n'avaient jamais
été exercées. Ces personnes ont parlé faux toute
leur vie.

« Cette étude serait nécessaire même aux gens
du monde, ils y gagneraient incontestablement ;
car les personnes les plus érudites, les plus spirituelles, ont quelquefois peine à captiver l'attention de ceux qui les écoutent : elles accusent
alors la légèreté du siècle ; elles ne pensent pas
que la monotonie de leur débit en est la seule

cause; ce qui ne pourrait arriver si elles connaissaient la propriété de toutes les inflexions.

« Nous savons comment doit être dit *bonjour, monsieur,* dans le sens de la politesse : observons que ces deux mots peuvent comporter d'autres inflexions suivant les circonstances et l'intention qu'on y attache, je dirai plus, suivant le caractère de la personne qui les prononce; il en est absolument de même pour tous les mots de notre langue; l'inflexion en fait la signification.

« Un homme qui pense avoir à se plaindre d'un autre, lui dit : *Bonjour, monsieur,* avec une inflexion incisive, ou sèche, ou dure, ou audacieuse. En écoutant, une tierce personne serait frappée du ton qui l'accompagne, car c'est le propre des inflexions justes, elles s'expliquent d'elles-mêmes.

« Si, au contraire, un homme se rend témoignage de ses torts envers un autre, il dira : *Bonjour, monsieur,* avec très-peu d'inflexion, et ce ton monotone prouve son embarras.

« Un homme qui en retrouve un autre, après quelques années d'absence, appuiera davantage sur ces deux mots, en élevant la voix comme par exclamation : *Bonjour, monsieur!*

« Un autre qui rencontre un homme qu'il sait être échappé à quelque grand danger, dira :

bonjour, monsieur, avec un plaisir mêlé d'attendrissement. Les inflexions en pareil cas sont plaintives et caressantes.

« Je n'en finirais point si je voulais énumérer les inflexions représentant les différents sentiments dont ces deux mots seuls peuvent être susceptibles. »

Trop de précipitation dans le débit conduit nécessairement à la monotonie, car la vivacité de la prononciation s'oppose à ce qu'on puisse varier les inflexions.

Il y a trois sortes de monotonies dans la voix : la persévérance dans *la même modulation*, la ressemblance dans *les chutes finales*, et la répétition fréquente *des mêmes inflexions*.

Un des moyens propres à éviter la monotonie, c'est de ne jamais commencer la phrase suivante sur le ton avec lequel on a fini la phrase précédente. C'est une règle générale et dictée d'ailleurs par la nature. Deux phrases de suite ne signifient jamais la même chose, donc il doit y avoir naturellement changement de ton.

Un autre moyen non moins efficace est l'obéissance rigoureuse à la ponctuation. La ponctuation procure à l'organe la facilité des inflexions et leur variété.

Le point, le point et virgule, les deux points,

le point interrogatif, les points suspensifs et le
point admiratif sont les notes parlantes des inflexions, qui permettent aux auditeurs de sentir
et d'apprécier sans gêne toutes les beautés du
discours.

Nous avons entendu bien souvent agiter la
question de savoir : si la ponctuation doit se
régler sur les besoins de la respiration et sur la
force des poumons, ou sur le sens des phrases.

Il est évident que la respiration n'a absolument
rien à démêler avec la ponctuation ; que c'est le
sens plus ou moins divisible de la phrase qui
décide de la manière de ponctuer, et par conséquent de respirer.

DE LA RESPIRATION. — Il faut respirer le plus
souvent possible et de façon à ne pas dénaturer
le sens de la phrase, et surtout il ne faut pas
attendre que l'on en ait besoin. En général on ne
doit jamais respirer entre le verbe et son régime,
le substantif et l'adjectif, à moins qu'il n'y ait
énumération ; mais il faut respirer au sujet ; c'est
le meilleur moyen de fixer l'attention des auditeurs.

Les plus légères aspirations suffisent, si elles
sont fréquentes ; mais on doit mettre une grande
adresse à ce qu'elles soient inaperçues.

C'est surtout devant les voyelles, et particu-

lièrement devant l'A et l'E, que l'on peut le plus
facilement dérober cet artifice à l'oreille, à l'œil
même des auditeurs.

Exemple : — Talma a marqué d'un trait les
endroits où devraient être placées les aspirations.

> « Lusignan — le dernier de cette auguste race,
> Dans ces moments affreux ranimant notre audace, —
> Au milieu des débris des temples renversés —
> Des vainqueurs, des vaincus — et des morts entassés—
> Terrible, — et d'une main reprenant cette épée,
> Dans le sang infidèle — à tout moment trempée, —
> Et de l'autre — à nos yeux montrant avec fierté
> De notre sainte loi — le signe redouté, —
> Criant à haute voix : — Français, soyez fidèles! —
> Sans doute en ce moment le couvrant de ses ailes,
> La vertu du Très-Haut,— qui nous sauve aujourd'hui,
> Aplanissait sa route — et marchait devant lui. —

« On voit par cet exemple — ajoute Talma —
que ces légères aspirations sont placées non-seulement devant les voyelles, mais encore devant
les expressions qui demandent de la force, comme
le mot *terrible* et les deux hémistiches :

> Criant à haute voix : — Français, soyez fidèles!

« J'avoue qu'il faut beaucoup d'habitude et
d'exercice pour se familiariser avec cette opération mécanique, mais par ce moyen, ces douze

vers que je viens de citer, peuvent être dits
comme d'un trait, et avec toute la rapidité et la
chaleur qu'ils exigent. Au reste la fréquence de
ces aspirations dépend du plus ou du moins de
force de chaque individu. Il y a tel acteur qui
peut n'avoir pas besoin de les multiplier aussi
souvent. »

DES LIAISONS. — Nous avons remarqué parmi
les élèves, en Belgique, une grande ignorance
sur les *liaisons* et le *H* aspiré. Aussi croyons-nous
devoir placer ici un chapitre concernant les liaisons, en le faisant suivre de la liste des mots
où le *H* est aspiré. Cette dernière nomenclature
est empruntée au traité de M. Morin, professeur
au Conservatoire de Paris. Pour de plus amples
renseignements, on fera bien de consulter l'ouvrage de cet excellent maître, ainsi que la prosodie française de M. Duquesnois.

Les liaisons servent à réunir les sons entre eux,
afin de faire disparaître le choc des voyelles qui,
sans cela, serait trop fréquent. Elles peuvent
donc être considérées généralement comme des
sons températeurs, et quelquefois, seulement
comme des sons énergiques, car il est des circonstances où la force de la liaison ajoute à l'expression. La liaison a donc, ainsi que tous les sons,
deux mouvements, l'un *léger* et l'autre *fort*.

Ainsi, dans ce vers, par exemple, elles seront *douces* :

Soumi z'avèq respè qà sa volonté saînte, etc.

tandis que dans celui-ci elle sera très-*forte* :

Dans son san *qu'*inhumaiu les chiens désaltérés.

C'est à l'intelligence du lecteur à voir quand les liaisons doivent être faites *légèrement* ou *forte-ment*, et même quand il faut les éviter, car il y a beaucoup de cas où elles produiraient un effet désagréable ; comme :

ils marchen tà ta voix,
cet accro q'est mal,
ce cri q'invcnté,
c'est un attenta t'épouvantable, etc.

La liaison ne change en rien la prononciation du son qui précède.

B après une voyelle se lie toujours, mais légè-rement :

Prononcez

Achab est mort,   A qua bè mor.
Oreb est tombé,   O ré bè tom bé.
ce rob est pur,   ce ro bè pur.

7.

Lorsqu'il se trouve après une voyelle nasale, il ne se lie pas.

On ne dit point :   *Mais*

il a du plon bô pié, il a du plomb | aux pieds.

Toutes les fois qu'on ne lie pas une consonne avec le son qui suit, on sépare les mots par un léger repos, comme nous venons de l'indiquer.

C à la fin d'un mot se lie, mais légèrement :

        Prononcez

un bac élégant, un ba qé lé gan.
un bec enflammé, un bè q'an flâ mé.
un alambic en fonte, un a lan bi qan fonte.
un bloc en marbre, un blo qan mar bre.
ce stuc est beau, ce stu qè bo.
un parc immense, un par qim man ce.

Excepté avec les mots *accroc, cric.*

Ainsi on ne dit pas :   *Mais bien*

cet accro qest large, cet a cro | è large.
ce cri qest grand, ce cri | è grand.

C après une voyelle nasale se lie, mais très-légèrement :

        Prononcez

blanc et noir. blan qé nou oir.
à franc étrier, etc., a fran qé tri ié.

Excepté avec *banc*.

On ne dira pas :   *Mais*

un ban qan marbre,   un ban | an mar bre.

CT à la fin d'un mot se lie tantôt avec le *c*, et tantôt avec le *t*. Voici les mots où il se lie avec le *c* et prend l'articulation du *q* :

	Prononcez
un tact infaillible,	un ta qin fa ï ble.
aspect épouvantable,	as pè qé pou van ta ble.
circonspect en tout,	cir cons pè qan tou.
suspect à moi,	sus pè qà mouoi.
respect à sa volonté,	rés pè qa sa vo lon té.
un district affreux,	un dis tri qa freux.
distinct en tout,	dis tin qan tout.

D se faisant entendre à la fin des mots se lie :

	Prononcez
Joad est prêtre, etc.,	Jo a dè prè tre.

Lorsque le *d* se trouve après une voyelle nasale, il se lie, mais il perd son articulation pour prendre celle du *t*.

	Prononcez
ce brigand implacable,	ce bri gan tin pla qa ble.
friand et gourmand, etc.,	fri an té gour man.

F se prononçant à la fin des mots se lie toujours :

Prononcez

chef habile,	ché fa bi le.
actif et intelligent,	ac ti fé in tél li jan.
ce tuf est beau,	ce tu fè bo.

G ne termine que peu de mots ; dans deux la liaison serait désagréable : *étang* et *hareng*.

Ainsi on ne dira point :   *Mais bien*

un étan qan vâ zé,	un é tan | an vâ zé.
un ha ran qan bal lé,	un ha ran | an balé.

Dans les autres le *g* se change en *q*.

Prononcez

un rang illustre,	un ran qil lustre.

Dans le mot *joug* il reprend son articulation.

Prononcez

un joug insupportable,	un jou gin su por ta ble.

L se lie toujours :

Prononcez

ce régal est bon,	ce réga lè bon.
actuel et toujours,	ac tué lé toujours.
fil en rouge, etc.,	fi lan rouge.

Excepté dans : *fusil, gril, persil.*

Ainsi on ne dira point :   *Mais bien*

un fusi la vent,	un fu si | a van.
ce gri lèst bon,	ce gri | è bon.
du persi lan botte,	du per çi | an bo te.

M ne formant point une voyelle nasale se lie toujours et conserve son articulation.

Prononcez

Siam est une ville,	çi a mè tune vi le.
de l'opium empoisonné,	de l'o pio man pouoi zo né.

Lorsqu'il forme une voyelle nasale, il ne se lie jamais.

De l'N. — Nous avons été bien des fois consulté pour savoir si l'on devait, en faisant la liaison de l'*n*, conserver au son nasal sa sonorité, ou bien la changer et dire : *u n'homme, le divi namour, l'u nét l'autre.* Nous avons toujours répondu que, les sons nasaux étant pour marquer le *masculin*, il fallait leur conserver leur sonorité, sans quoi ils perdraient leur véritable signification, et, au lieu de servir à mettre de la clarté dans la pensée, ils y jetteraient la confusion.

Il ne faut pas perdre de vue que les sons remplissent pour les oreilles le même office que l'écriture pour les yeux. L'écriture est la peinture de la pensée, et la parole en est la mise en action ; seulement, elle demande encore plus de précision : car la rapidité avec laquelle le son passe donne peu de temps à l'intelligence pour le recevoir et le classer. Jugez du désordre que peut apporter dans l'esprit de celui qui écoute un discours la nécessité de chercher s'il est question d'un homme ou d'une femme, lorsque l'on dira, par exemple : *l'u net l'autre* pour *l'un net l'autre*. Pendant le temps qu'il a passé à se rendre compte, les sons ont continué leur course, et lorsqu'il revient à l'orateur il n'est plus au courant de sa pensée. L'auditeur ne doit faire aucun travail, c'est assez qu'il prête son attention et analyse les pensées. Par ce que nous venons de dire on se convaincra que c'est une grande faute de dénaturer les sons, puisque par là on en change le sens. Ainsi, toutes les fois qu'un son *nasal* est la marque d'un *masculin*, il faut lui conserver sa sonorité.

On ne doit donc pas dire :   *Mais bien*

mo nami,	mon nami.
u nami,	un nami.
divi namour, etc.,	divin namour.

Seulement on articule légèrement l'*n* en le liant au mot qui suit.

Quand les pronoms *mon, son, ton,* expriment un féminin au lieu d'un masculin, ils perdent la sonorité de la voyelle nasale et prennent celle de l'*o* simple.

Ainsi l'on ne dira pas :   *Mais bien*

son nâme,	so nâme.
son namitié, etc.,	so namitié.

RÈGLE GÉNÉRALE. — Toutes les fois qu'une voyelle nasale se trouve à la fin d'un substantif et que le mot qui suit est un adjectif, la liaison n'a pas lieu, et alors on prend un léger temps.

On ne dira donc pas :   *Mais*

dans un coin nécarté,   dan zun qouin | éqarté.

Quand l'adjectif précède le substantif, on fait la liaison.

Ainsi on dira :   *Et non pas*

divin namour,   divin | amour.

Au reste, quand la liaison est par trop désagréable, on l'évite en prenant un léger temps. Ainsi nous dirions :

joli, gentil petit cheval,
bon | à monter, bon | à descendre.

Et non pas

bon nà monter, bon nà descendre.

C'est à l'oreille d'indiquer quand il faut ou non faire des liaisons avec les monosyllabes, et à l'intelligence de voir quand on doit les éviter.

On fait la liaison de l'*n* avec : *en, on, bien* et *rien*.

Prononcez

en étudiant,	an n'é tu dian.
on arrive,	on na ri ve.
je vous l'avais bien annoncé,	je vou l'a vè bien na non çé.
je n'ai rien appris,	je né rien na pris.

La liaison cesse dans ces sortes de phrases : Donnez-m'en un ; ira-t-on à la campagne ?

P devant un monosyllabe ne se lie pas, et alors on prend un léger temps après.

Ainsi on ne dira pas :   ·*Mais*

ce dra pest beau,	ce drap	est beau.
tout le cam pà la fois,	tout le camp	à la fois.

Il se lie généralement :

Prononcez

un cap immense,	un ca pim man ce.
du julep aromatisé, etc ,	du ju lé pa ro ma ti zé.

Et cependant on ne dira pas :   *Mais*

un cham pansemencé,	un cham	ancemencé.
un cam parrondi,	un can	arrondi.
un galo palongé,	un galo	alongé.
un lou panpalé,	un lou	anpalé.
du siro pambaumé,	du siro	anbômé.

Lorsque l'on fait la liaison du *p*, il faut toujours l'adoucir.

Q termine un seul mot, *coq*, et il s'y lie, mais légèrement : *co qargenté*.

R ne se lie qu'à la fin des mots où il se fait entendre : ainsi on dira : *enfè répouxantable, fiè ret arrogant*, etc.

Mais on ne dira pas :   *Mais*

meunié rindocile,	meunié | indocile.
prisonnié ravec moi, etc.,	prisonnié | avec moi.

Il n'y a que l'adjectif *dernier* qui se lie.
Ainsi l'on dira :   *Et non pas*

dernié radieu,	dernié | adieu.

Il se lie encore dans les infinitif en *er*, mais très-légèrement.
Ainsi l'on ne dira pas :   *Mais*

Aimer | et haïr,	Aimé ré haïr.

RD à la fin des mots se lie toujours avec l'*r*.
Ainsi on ne dira pas :   *Mais*

babillar det menteur,	babillar rét menteur,
bor dinfranchissable, etc.,	bo rinfranchissable.

Seulement, lorsque le mot se trouve au féminin et qu'il y a élision, c'est le *d* qui s'articule :

On ne dira pas	*On dira*
babilla ré menteuse,	babillar dé menteuse.

RS et RPS à la fin d'un mot se lient toujours
avec l'*r*.

Ainsi on ne dira point :   *Mais*

ce mor zen fer, etc.,	ce mo ran fer.
ce corp z'est beau,	ce qo rè beau.

RT à la fin des mots fait également la liaison
avec l'*r* :

On dira   *Et non*

l'ar rè difficile,	l'ar tèst difficile.
il qou rancore,	il cour tencore.

S à la fin d'un mot terminé par une voyelle se
lie toujours, et s'articule comme le *z* :

an ba zé an hô, etc.

S marquant le pluriel se lie toujours, quelles
que soient les consonnes qui le précèdent, et s'articule comme le *z* :

cè corp zanpéstés, etc.

MPS à la fin d'un mot se lie avec l'*s* :

je romp zaveq vou, il è tan zanfin, etc.

T à la fin des mots se lie toujours, mais légèrement :

ce pla tinsupportable, plagia tinsipide, etc.

C'est surtout avec cette lettre qu'il faut éviter les liaisons désagréables à l'oreille.

Ainsi l'on ne dira pas :

Mais

un attenta tà ta volonté,	un attantat | à ta volonté.
marchen tâ ta lumière,	marchent | à ta lumière.

C'est le goût qui doit indiquer lorsqu'il faut faire un léger temps ou une liaison.

ET conjonction ne se lie jamais.

Ainsi l'on ne dira pas :

Mais

il est féroce *é* timplacable,	il è féroce é | inplaqable.

Voici les mots terminés par *ct* et où c'est le *t* qui se lie :

Et non

il est abjec tet infâme,	il est abjé qé infâme.
il est correc tet élégant,	il est corrè qé élégant.
direc ten tout point,	dirè qan tout point.
indirec tet pourtant, etc.,	indirè qé pourtant.
infec ten ces lieux,	infè qan cè lieux.
succinc tet précis,	succin qé précis.

X à la fin d'un mot terminé par une voyelle ayant la prononciation du *qs*, se lie avec l'*s* :

Féliq sest brave, etc.

X après *eu* se lie toujours et s'articule comme un z :

malheureux zanfant, etc.

Le Z à la fin des mots se lie toujours :

vous l'avé zan porté, etc.

LISTE DES MOTS OU LE H EST ASPIRÉ.

Ha! interj.
Hâbler et ses dérivés, parler beaucoup et avec ostentation.
Hache, hacher, hachette.
Hachis, hachoire.
Hachures (t. de gr. t. de blas)
Hagard.
Haha, ouverture.
Hahé (t. de chasse).
Haie, clôture.
Haïe, cri de charretiers.
Haillon.
Haine et ses dérivés.
Haire, chemisette de crin ou de poil de chèvre.
Halage, action de tirer un bateau.
Halbran, jeune canard sauvage.

Halbrener, chasser aux halbrans.
Hâle et ses dérivés.
Halener.
Haletant, haleter.
Hallage, droit de halle.
Halle.
Hallebarde, pique garnie.
Hallebreda (t. de mépris et populaire).
Hallier, buisson épais; celui qui garde une halle.
Haloir, lieu où l'on sèche le chanvre.
Halot, trou dans une garenne.
Halte.
Hamac, espèce de lit suspendu.
Hameau.

Hampe, bois d'une halle-
barde.
Han, sorte de caravansérail.
Hanche.
Hangar, remise pour des
charrettes.
Hanneton.
Hanscrit, langue savante des
Indiens.
Hanse, société de commerce
formée entre plusieurs
villes du nord de l'Alle-
magne.
Hanséatique.
Hansière (t. de marine).
Hanter et Hantise (t. fam.
et populaire).
Happe, espèce de crampon.
Happelourde, pierre fausse.
Happer (t. populaire).
Haquenée, cheval ou cavale
de taille médiocre.
Haquet, espèce de charrette
à voiturer des marchan-
dises.
Harangue et ses dérivés.
Haras, lieu destiné à loger
des étalons.
Harasser.
Harder (t. de chasse).
Hardes.
Hardi et ses dérivés.
Harem, lieu où sont ren-
fermées les femmes d'un
pacha.
Hareng et ses dérivés.
Harengère.
Hargneux.
Haricot, plante; graine; ra-
goût.

Haridelle.
Harnacher, harnachement.
Harnais.
Harnois.
Haro (t. de coutume, bas et
peu usité).
Harpailler (t. fam.), n'est
d'usage qu'en parlant de
deux personnes qui se
querellent.
Harpe.
Harpeau (t. de marine).
Harper (t. fam.), prendre et
serrer fortement avec les
mains.
Harpie.
Harpin, croc de batelier.
Harpon, espèce de dard.
Harponner.
Hart, espèce de lien.
Hasard et ses dérivés.
Hase, femelle du lièvre et
du lapin de garenne.
Hâte et ses dérivés.
Hauban (t. de maçon).
Haubans (t. de marine).
Haubert, sorte de cuirasse.
Hausse et ses dérivés.
Hausse-col.
Haut et ses dérivés.
Hautbois.
Haut-bord, nom que l'on
donne aux grands vais-
seaux.
Haut-de-chausses.
Haute-contre (t. de musi-
que).
Haute-cour, tribunal su-
prême.
Haute-futaie.

Haute-lice, fabrique de ta-
pisserie.
Haute-paye.
Haut-mal, mal caduc
Hautesse.
Have, pâle et défiguré.
Havir, v. act., dessécher.
Havre, port de mer.
Havre-sac.
Hé! sorte d'interjection.
Heaume, casque.
Hêler (t. de marine).
Hem! sorte d'interjection.
Hennir (on prononce *hanir*).
Hennissement (on prononce
hanissement).
Henri.
Henriade.
Héraut, officier d'un prince
ou d'un État souverain.
Hère (t. de mépris).
Hérisser.
Hérisson.
Hernie, descente des boyaux.
Héron.
Héros.
Herse et ses dérivés.
Hêtre, grand arbre.
Heurt, choc, coup.
Heurtoir et ses dérivés.
Hibou.
Hic, principale difficulté
d'une affaire.
Hideux, hideusement.
Hie, sorte d'instrument dont
on se sert pour renfoncer
les pavés.
Hiérarchie.
Hisser (verbe act.).
Hobereau, oiseau de proie.

Hoc, jeu de cartes.
Hoche, entaillure.
Hochement et ses dérivés.
Hochepot, espèce de ragoût
de bœuf.
Hocher, secouer, branler.
Hochet.
Holà.
Homard, grosse écrevisse de
mer.
Hongre, cheval châtré.
Honnir, bafouer.
Honte et ses dérivés.
Hoquet.
Hoqueton, archer.
Horde, peuplade errante.
Horion (vieux mot), coup
rude déchargé sur la tête
ou sur les épaules.
Hors.
Hotte.
Hottée.
Hottentot, habitant de l'Afri-
que.
Houblon et ses dérivés.
Houe, instrument pour re-
muer la terre.
Houille.
Houle, vague après la tem-
pête.
Houlette.
Houleux (t. de marine).
Houppe.
Houppelande.
Hourdage, maçonnage gros-
sier.
Hourder (verbe).
Hourvari (t. de chasse).
Houssard, hussard.
Houspiller.

Houssaie, lieu où croît quantité de houx.
Housse et ses dérivés.
Houssine.
Houssoir.
Houx, arbre.
Hoyau, sorte de houe.
Huche, grand coffre.
Huée et ses dérivés.
Huguenot, calviniste.
Huit et ses dérivés.
Humer.
Hune, hunier.
Huppe, huppé.
Hure.
Hurhaut (t. de charretier).
Hurlement, hurler.
Hutte, se hutter.

PRINCIPES GÉNÉRAUX. — Nous citerons, en finissant, les principes généraux posés par les maîtres les plus compétents dans la matière (*).

Il est essentiel de prendre sa voix dans le *medium*, c'est-à-dire le milieu, dans les sons compris entre les plus bas et les plus élevés; en un mot de parler sa voix, parce qu'on ne prononce jamais bien, on n'articule jamais avec l'étendue et la rondeur nécessaires, on n'est jamais maître de soi, ni de ses intonations, que quand on a de la force. Or, on n'a de la force que lorsqu'on n'est point gêné. Si vous êtes gêné, vous enflez votre voix, vous la forcez, vous vous faites une voix factice; dès lors plus de sensibilité, plus d'intonations, plus de vérité; vous perdez l'accent de l'âme qui peut seul émouvoir l'auditeur.

Ne pas élever, mais appuyer sa voix.

(*) Aristippe, *Manuel théâtral*.

Il faut soutenir sa voix à la fin des phrases; si on la laisse tomber en approchant du repos, ce défaut fait souvent perdre le sens de toute la période, et n'obligeât-il qu'à en deviner la fin, il ne fatiguerait pas moins l'auditeur.

Il en est de la voix comme d'un instrument dont le travail et l'exercice peuvent seuls enseigner à tirer tout le parti possible.

Il est essentiel d'exercer sa voix dans un endroit assez vaste, pour que le son ne rentre pas dans la poitrine, ce qui fait perdre la respiration, et peut altérer à la longue la qualité de la voix.

En principe général, il faut toujours tirer sa voix de la poitrine.

La poitrine doit être le *moteur* de la voix, la bouche *l'exécuteur*, le gosier doit être nul dans l'action, et ne doit servir que de passage aux sons.

Les cas dans lesquels on est obligé d'entrer dans de grandes fureurs ou imprécations, etc., font exception; car, alors une voix déchirée peut produire un grand effet.

La voix bornée, faible et obscure peut, par le moyen d'un exercice long et constant, acquérir de l'étendue, de la force et de la clarté, moyennant qu'on observe, dans le cours de cet exercice, de ne jamais la forcer.

Il faut s'étudier à donner de la rondeur à sa voix.

La voix étouffée et la déclamation triste s'opposent au vrai.

Pour n'être point embarrassé du dernier mot d'une phrase, *appuyez* sur le mot qui précède.

Il est bon d'avoir habituellement dans sa tête et dans sa mémoire les voix qui nous plaisent le plus, et qui sont les plus analogues à notre manière.

La voix, ainsi que le visage, a une physionomie en mouvement et une physionomie en repos, des signes pour l'émotion et des caractères pour le sentiment.

Il y a des voix que l'art ne peut jamais former à l'expression du sentiment, des voix qui sont toujours aigres, mordantes, ironiques.

Ce qui constitue la perfection de tout instrument, quel qu'il soit, qui est fait pour l'oreille, tel que la voix, le langage, les instruments de musique, c'est la réunion de la *douceur* et de la *force* dans une proportion suffisante ; ce sont les voyelles qui font la douceur des langues, ce sont les consonnes qui en font la force.

Les différentes articulations de voix, dit Cicéron, sont à l'éloquence ce que les ombres sont à la peinture.

Ce n'est point la force de la voix qui fait le *cri*, c'est la manière de porter le son, et surtout la fréquente rechute aux intervalles de même espèce.

Un parler gracieux agit directement sur le cœur.

La voix étant forcée ou trop tendue, on n'a que deux moyens d'exécution : toujours même inflexion et même force; on n'a qu'un cri et point de variété. Il faut tendre et détendre sa voix à volonté.

La corde sonne selon qu'elle est touchée.

Quand vous avez à prononcer une période qui exige une grande contention ou élévation de voix, vous devez modérer et ménager votre voix jusque-là. En étudiant et travaillant sa voix, il ne faut pas s'occuper d'un vain son, mais de tout ce qui peut donner de l'AME à ce son.

Quand on n'est pas maître de sa voix, qu'on s'emporte, la voix monte toujours, car elle est toujours plus disposée à monter qu'à descendre; on recommence plus haut qu'on a commencé l'autre phrase, et l'on n'a plus assez de moyens pour finir sur le même ton.

Ce qui contraint le corps, gêne l'organe et le dénature; il n'y a plus d'abandon; un organe contraint ne peut intéresser.

La voix de tête se corrige en parlant doucement, en s'écoutant prononcer, et en posant la main sur la poitrine, afin de sentir par ce moyen si la voix en sort.

Rien de plus circonscrit en apparence que l'échelle des sons que la voix humaine peut parcourir, depuis les tons les plus bas jusqu'aux tons les plus élevés; mais dans cet espace étroit il n'est aucun caractère qu'elle ne puisse prendre, aucun sentiment qu'elle ne puisse exprimer. Quant au trop d'élévation de la voix, elle vient d'une mauvaise habitude de vouloir, à force de crier, dominer et imposer la nécessité d'ajouter foi à ce que l'on dit, ou de vouloir se faire écouter.

Au contraire, moins on crie, plus l'auditoire est attentif.

Voir, pour d'autres développements sur le sujet de ce chapitre, l'APPENDICE, à la page 155.

V

MOYENS D'EXECUTION.

**LE GRASSEYEMENT, LA BLÉSITÉ, LE BÉGAIEMENT, LE BALBUTIEMENT,
LE BREDOUILLEMENT.**

Comparons, pour un moment, le peintre à l'acteur. Si le peintre veut représenter une scène touchante, il doit connaître ses moyens d'exécution pour attendrir le spectateur ; il doit savoir que telle expression du visage va droit au cœur, que telle attitude est celle qui convient dans la situation donnée. Il dirige à son gré son crayon, son pinceau ; il est maître des moindres nuances ; il dépose ses pensées sur la toile.

9

L'acteur est peintre aussi. Il a de plus l'avantage de joindre la parole à l'expression de ses traits, à son attitude. Aussi produit-il un effet plus direct, plus profond. Le plus beau privilége de l'homme, c'est la parole, car la parole est l'instrument de la pensée. Mais pour que la parole exerce toute sa puissance, il faut qu'elle ne présente pas de défectuosités. Avant d'apprendre l'art de dire et de déclamer, il est donc indispensable de commencer par former sa prononciation.

Une voix rauque ou aiguë ne peut convenir au théâtre; le travail le plus assidu ne saurait parvenir à vaincre un pareil obstacle. Mais un organe agréable peut encore être perfectionné par un exercice habituel et sage. Les vices de prononciation sont pour l'acteur les plus grands, les plus malheureux des défauts physiques.

Au nombre de ces défauts nous citerons d'abord le grasseyement.

Le grasseyement ne doit pas être considéré comme une infirmité de la parole; c'est tout simplement un vice de localité et d'imitation qui consiste à prononcer la lettre R de la gorge.

La véritable articulation de cette lettre doit se faire du bout de la langue contre le palais, à peu de distance des incisives supérieures. Comme l'R est la seule consonne qui produise un son vibré, on peut, par le moyen de cette vibration, donner à cette consonne toute la douceur, tout le charme et toute l'énergie que commande le mot auquel elle appartient, ce qu'on ne pourrait point obtenir si la vibration était produite par l'arrière-bouche. C'est ce dernier cas qui constitue le grasseyement, lequel rétrécit la gorge et rend molle et incolore, toute déclamation, parlée ou chantée.

Molière, dans son *Bourgeois gentilhomme*, acte II scène VI, fait dire au professeur de philosophie que l'R se prononce *en portant le bout de la langue jusqu'au haut du palais, de sorte qu'étant frôlée par l'air qui sort avec force, elle lui cède et revient toujours au même endroit, faisant une manière de tremblement.*

Il existe deux moyens excellents pour corriger le grasseyement. Le premier nous vient de Talma qui autrefois le mit lui-même à exécution. Voici comment l'élève procédera. Il articulera plusieurs fois de suite les lettres T et D, la première d'une voix ferme, la seconde plus doucement et après une aspiration. Quelques moments après, l'élève ajoute à la suite du T, D, le son *Re* articulé doucement, et pendant la même aspiration que le D, comme si le *Re* était uni à la consonne précédente. De cette façon, et en suivant le même procédé, le monosyllabe *Re* se transformera bientôt en une consonne, et ce sera un R que l'élève prononcera.

Voici maintenant le second moyen, enseigné par MM. Cresp et Colombat.

Il faut porter la langue vers la voûte palatine, à peu près à trois ou quatre lignes plus en arrière que la face postérieure; de manière que la face dorsale de l'organe phonateur soit concave et que sa pointe élevée soit libre et puisse vibrer. Ce résultat a lieu sans beaucoup de difficulté, si l'élève a soin de laisser l'arrière-bouche dans l'inaction. Il ne doit pas surtout vouloir d'abord articuler l'*R*, mais se contenter seulement de chercher à faire osciller la pointe de la langue en chassant une grande masse d'air, comme pour imiter l'espèce de ronflement des chats, ou, encore mieux, le bruit sourd produit par le mouvement de la corde et de la grande roue d'un émouleur. Lorsque, par le moyen de cette gymnastique, on est parvenu à faire vibrer seulement le sommet de la langue, il en résulte alors un son naturel qui imite à peu près celui de la syllabe *re*, à laquelle on ajoute une autre syllabe, *tour*, par exemple, ce qui donne le mot *retour*, ou tout autre, selon la dernière syllabe ajoutée.

Lorsqu'on a obtenu ce résultat, il s'agit de prononcer l'*r* précédé d'une autre consonne, comme dans le mot *français*. Pour y parvenir, on fait prononcer l'*f* seul et l'on imite ensuite le bruit dont nous venons de parler; enfin, on ajoute les deux dernières syllabes *ançais,* ce qui donne *fe... rrr... ançais, français* que l'on prononce bientôt convenablement. Il en est de même pour toutes les autres lettres qui peuvent se trouver avant l'*r*.

Si nous avions à choisir entre ces deux méthodes, nous préférerions la dernière. Il est constant qu'elle est plus prompte, plus sûre et plus facile que celle dont Talma, malgré le respect que nous devons à son nom, recommande l'usage.

La *blésité* est ce vice de la parole qui consiste à substituer à certaines lettres le son de quelque autre lettre.

D'après cette définition, on doit nécessairement supposer une infinité d'espèces de blésités. Mais l'espèce la plus commune, la première de toutes, qui est la véritable blésité, c'est celle qui consiste à donner le son du *z* aux consonnes *j* et *g* doux, et le son de l'*s* au *ch*. Dans le premier cas, on dit *z'avais* pour j'avais, *zouzou* pour joujou, *zentille* pour gentille, etc. Dans le second, *saumière* pour chaumière, etc.

Pour remédier à ces deux vices de l'articulation, il ne s'agit, dit M. Cresp, que d'appliquer la pointe de la langue contre le palais, et d'allonger les lèvres dans toute leur longueur; et avec la seule intention de prononcer le *j* et le *ch,* on le prononcera très-bien. La pointe de la langue doit, pour empêcher toute vibration de cet organe, rester, pour ainsi dire, clouée au palais.

Le plus beau privilége de l'homme, c'est la parole, car la parole c'est l'instrument de la pensée, et la pensée élève l'homme au-dessus des autres êtres : il faut donc regarder comme un événement déplorable toutes les causes qui peuvent nuire au développement et à la puissance de cet organe. Aussi le *bégaiement* doit-il être considéré, après le mutisme, comme le plus triste et le plus incontestable des défauts physiques. Avec ce défaut, en effet, comment se produire convenablement dans le monde? Quelle est la carrière brillante que l'on peut parcourir?

Le bégaiement ne dérive pas, comme l'ont affirmé les auteurs anciens et la plupart des modernes, d'un vice de conformation des organes chargés de l'exécution de la parole. La source de ce mal n'est pas plus dans la position vicieuse des dents, dans le volume de la langue, dans son épaisseur, dans le relâchement des ligaments et dans la longueur excessive du filet, que dans une infinité d'autres lésions organiques, que le plus grand nombre des médecins ont signalées.

La nature du bégaiement n'exige que des moyens d'appui, ou des moyens mécaniques et de confiance pour la soumettre. L'exemple de Démosthène prouve qu'avec de l'instinct seulement, de l'application et la ferme volonté de se guérir, on peut se soustraire à cette affection. Il s'agit uniquement pour le bègue de savoir diriger sa langue. Pour cela, il faut qu'on lui explique la théorie générale des mouvements modificateurs du son vocal et qu'on lui fasse connaître ceux pour lesquels il éprouve de la difficulté. On les lui indique dans sa lecture et dans sa conversation. On lui fait appliquer la langue contre la voûte palatine, et on l'oblige à articuler sans la détacher. Par cette méthode, si le bègue a la volonté de guérir, et qu'il fasse des efforts pour articuler nettement, il s'aperçoit bien vite que dans cette position de la langue il lui est impossible de bégayer : il gouverne ses mouvements. Le point capital dans ce traitement consiste à retenir la langue attachée au palais et en quelque sorte bridée jusqu'à ce qu'elle ait acquis la faculté d'articuler aussi nettement et aussi rapidement que dans son état de parfaite liberté.

Le BALBUTIEMENT est ce vice de la parole qui consiste à prononcer les mots avec hésitation, et peu distinctement, mais à voix basse, avec calme et sans précipitation ni secousses convulsives comme dans le bégaiement. Le balbutiement ne provient pas, comme le prétendent quelques auteurs, d'un manque d'idées, car il y a des personnes fort instruites, fort spirituelles, douées d'une belle intelligence, qui balbutient beaucoup. Il a plutôt pour cause la faiblesse partielle des organes de la parole; il peut dépendre également de la faiblesse générale produite par un état maladif.

Il est donc impossible d'indiquer des moyens rationnels pour combattre cette affection, puisqu'elle n'est que la conséquence d'une autre que l'on devra traiter par les moyens indiqués. Nous ajouterons seulement que ce vice de la parole cesse avec la faiblesse générale ou partielle dont il est un des symptômes.

Le BREDOUILLEMENT est le résultat d'une prononciation irrégulière, confuse et inachevée par la trop grande précipitation. Ce vice a beaucoup de ressemblance avec le bégaiement qui consiste dans la répétition continuelle des mêmes syllabes.

Le rhythme de la conversation est le seul moyen à employer pour combattre cette imperfection de langage.

VI

CITATIONS. — ANECDOTES.

Presque tous les auteurs qui ont écrit sur l'art du comédien et de l'orateur ont cru devoir terminer leur ouvrage par une foule de citations, de modèles d'exercice, tirés des poëtes classiques; d'anecdotes plus ou moins amusantes sur les directeurs et les comédiens. Nous suivrons l'exemple de nos devanciers, en ayant soin toutefois de ne rapporter que les citations et les anecdotes qui ont trait à l'art dramatique et qui peuvent corroborer les leçons et les conseils que renferment les chapitres précédents.

Quant aux modèles, qu'il faut varier le plus possible, tant pour exercer la mémoire que pour développer l'imagination et l'intelligence de l'élève, nous ne saurions mieux faire que d'indiquer le répertoire du Théâtre-Français, ancien et moderne, ainsi que les discours des grands orateurs de la tribune, du barreau et de la chaire. L'élève choisira facilement, parmi tous ces modèles, ceux qui conviennent le mieux à ses goûts et à la profession à laquelle il se destine.

EXEMPLE POUR RÉCITER OU LIRE LES VERS.

La première loi pour quiconque récite, déclame ou lit des vers est d'oublier le rhythme, d'éviter soigneusement la fréquence des rimes et de lier les vers sans ôter rien de leur beauté. La poésie ne doit conserver que les chaînes auxquelles la prose est assujetie, et comme dans la prose, les repos ne sont déterminés dans les vers que par le sens, et non par le nombre des syllabes.

Prenons pour exemple ceux que Racine met

dans la bouche du grand prêtre (*Athalie*, scène 1re) et transcrivons-les comme si c'était de la prose.

Celui qui met un frein à la fureur des flots, sait aussi des méchants arrêter les complots. Soumis avec respect à sa volonté sainte, je crains Dieu, cher Abner, et n'ai point d'autre crainte : cependant, je rends grâce au zèle officieux, qui sur tous mes périls vous fait ouvrir les yeux. Je vois que l'injustice en secret vous irrite, que vous avez encore le cœur israélite : le ciel en soit béni. Mais ce secret courroux, cette oisive vertu, vous en contentez-vous? La foi qui n'agit point, est-ce une foi sincère? Huit ans déjà passés, une impie étrangère du sceptre de David usurpe tous les droits, se baigne impunément dans le sang de nos rois, des enfants de son fils détestable homicide, et même contre Dieu lève son bras perfide; et vous l'un des soutiens de ce tremblant État, vous, nourri dans le camp du saint roi Josaphat, qui, sous son fils Joram, commandiez nos armées, qui rassurâtes seul nos villes alarmées, lorsque d'Ochosias le trépas imprévu dispersa tout son camp à l'aspect de Jéhu : je crains Dieu, dites-vous, sa vérité me touche. Voici comme ce Dieu vous parle par ma bouche . . . .

. . . .

Quel morceau de prose coule avec plus de facilité! la contrainte de la rime disparaît sans que rien semble tronqué et l'oreille de l'auditeur instruit saisira la cadence et la mélodie qui caractérisent la poésie.

Comme modèle d'exercice et ornement de mémoire, nous croyons faire plaisir à nos lecteurs en transcrivant ici un discours en vers de C. Delavigne sur l'*Éloquence de la tribune*.

Lorsque la Vérité, proscrite et sans autels
Eut supporté longtemps les affronts des mortels,
Le courroux que son cœur amassait en silence
De ses lèvres de feu fit jaillir l'éloquence.
Elle eut sa foudre alors comme le roi des dieux ;
Despote, il en pâlit ; l'avenir à ses yeux
Montrait que l'éloquence, à la justice unie
Peut jusqu'au fond du ciel gêner la tyrannie.
Tout cède à l'éloquence : aux poëtes naissants
Elle asservit les cœurs par de mâles accents.
Les belliqueux accords que sa présence inspire
Font, au jour du combat, une arme de la lyre ;
Elle éveille les arts, les guide, et, sous leur main,
Donne la vie au marbre, une voix à l'airain,
Prête un charme aux leçons des jardins d'Académe,
Fait chercher au théâtre une douleur qu'on aime,
S'élance à la tribune, et, soumise à sa voix,
La foule qui l'entend pour la première fois,
De sa flamme échauffée, à ses pleurs attendrie,
Comprend les noms sacrés de vertu, de patrie.

Et d'un même transport tout un peuple agité
Frémit, comme un seul homme, au cri de liberté.
Athène, à Salamine, y répond par la gloire :
Un mot de la tribune enfante une victoire,
Catilina sur Rome ose lever sa main :
La Liberté s'enfuit dans le sénat romain.
Il entre : Cicéron l'attend à la tribune,
Et son cri, qui devient une clameur commune,
Un cri de Cicéron le chasse épouvanté,
Et le poursuit encor dans la postérité.
Ainsi doit succomber avec ignominie
Tout ennemi des lois que venge un beau génie ;
Ainsi, tout insensé qui se croirait des droits
A nous déshériter du bienfait de deux rois.
Dans un sénat où siége une auguste puissance,
La voix de Cicéron a des échos en France :
Non, la France jamais n'est stérile en talents,
Témoin ces jours féconds suivis de jours sanglants,
Où, vierge, la tribune enfanta ces merveilles
Dont la chaire avait seule étonné nos oreilles ;
Où Barnave parut, qui devança le temps,
Comme un fruit de l'été déjà mûr au printemps ;
Cazalès, beau de flamme et d'éclairs énergiques,
Qui s'élançait des camps aux combats politiques,
Orateur et guerrier... Hélas ! comme celui
Que la France au tombeau redemande aujourd'hui,
Et qu'aurait de la mort épargné la clémence,
Si la mort épargnait la gloire et l'éloquence.
Mais, de ces grands talents le plus grand jusqu'à nous,
Mirabeau les domine en les rassemblant tous ;
Seul il gouverne en dieu l'océan populaire,
Dont il pousse ou retient les flots et la colère :
Foudroyant par sa voix, s'il porte un coup soudain,
Et s'il reste muet, puissant par son dédain ;

Tranquille, impétueux, véhément, implacable,
Il attend, il prévient, il entraîne, il accable;
Ne cède qu'au trépas, meurt sans être abattu.
Rien en lui n'a manqué, rien... hormis la vertu.
La vertu! quel pouvoir elle ajoute au génie!
En vain les passions, en vain la calomnie
Poursuivraient l'orateur qui, fort d'un tel secours,
Peut de sa vie entière appuyer ses discours,
Et sans nous éblouir de maximes frivoles,
Donne ses actions pour preuve à ses paroles.
Noble accord! ascendant irrésistible et doux!
Quel empire sans borne il exerce sur nous!
On l'aime avant qu'il parle, et son aspect remue,
Agite au fond des cœurs la conscience émue,
Qui s'ouvre, qui reçoit, embrasse avec ardeur
Une raison sublime offerte avec candeur;
S'élance-t-il soudain à des hauteurs nouvelles,
Pour le suivre en son vol on s'attache à ses ailes.
Il affirme, on le croit; et, pour la vérité,
Sa voix, comme le temps, est une autorité.
Couvert de notre estime, il attend face à face,
Poursuit dans ses détours, combat dans son audace,
Écrase, en le marquant d'un signe accusateur,
Le fanatique impie, ou le noir imposteur,
Mais calme, et sans courroux pour les cris, pour l'injure,
Dont il entend de loin mourir le vain murmure,
Il dédaigne des traits qui partent de si bas :
L'aigle s'abaisse-t-il à de honteux combats?
S'il descend un moment de son céleste empire,
C'est un reptile affreux, un tigre qu'il déchire;
Mais il n'avilit point le vol du roi des airs,
Et les ongles vengeurs d'où partent les éclairs,
Contre ce monstre ailé, triste amant des ténèbres,
Qui, par un ciel serein, pousse des cris funèbres,

Et fuyant la clarté dans le creux d'un tombeau,
Du jour qui l'éblouit blasphème le flambeau.
Qu'une ignorance aveugle obstinément caresse
Dans l'oiseau de la nuit celui de la sagesse;
Quand la tribune oisive est muette un instant,
Que l'écrit généreux d'un beau feu palpitant
Perde de sa chaleur la dernière étincelle,
Et sorte inanimé d'une étreinte mortelle :
Vaine rigueur! Un peuple à lui-même livré
Retombe, pour un jour, de son élan sacré;
D'éclairer sa raison perd la noble habitude,
Et de stériles fleurs pare sa servitude;
Oublie, en s'égarant de désirs en désirs,
Sa dignité, ses droits, au milieu des plaisirs;
Dort, et dans son sommeil, que berce le mensonge,
S'il voit la liberté, ne la voit plus qu'en songe.
Mais la tribune s'ouvre : il suffit d'une voix
Pour réveiller les cœurs, ressusciter les lois.
L'orateur a parlé, les peuples lui répondent :
Avec son âme alors leurs âmes se confondent;
Ils rejettent les fers qui les gênaient encor,
S'élancent pour le suivre, et tous, d'un même essor,
Vont, dans les champs nouveaux où libre il les devance,
Reconquérir leurs droits et leur indépendance.
Ainsi, dans nos jardins où d'élégants travaux
Ont d'un rempart de marbre environné les eaux,
Des cygnes prisonniers la fierté moins sauvage
S'endort et s'accoutume aux mœurs de l'esclavage.
Avec grace et mollesse étalant leur beauté,
Ils livrent aux zéphyrs un duvet argenté,
Sur cette onde captive ou rien ne leur rappelle
Qu'en effleurant son sein ils sont captifs comme elle.
Mais, libre dans le ciel, au retour des hivers,
Qu'un cygne voyageur crie en fendant les airs,

Leurs ailes tout à coup s'entr'ouvrent et frémissent;
Sur leur cœur palpitant leurs plumes se hérissent,
Et ce peuple affranchi, l'œil fier, le cou dressé,
Bat les flots qu'il dédaigne, et, loin d'eux élancé,
Va, dans les régions à son vol inconnues,
Chercher la liberté qui plane dans les nues.

OPINION DE PRÉVILLE SUR L'ÉTAT DE COMÉDIEN.

M. M...., fils d'un avocat général au parlement de . . . , était venu à Paris, pour y faire son droit : destiné à remplacer son père, et par conséquent à parler en public, il avait pris pour professeur de déclamation un comédien nommé Courville, d'un talent fort médiocre à la scène, mais excellent maître de déclamation.

M. M.... allait prendre ses leçons chez Courville et assez souvent il y rencontrait Préville.

La fréquentation de ce grand artiste, aussi distingué par ses talents (*), que par la pureté de ses mœurs, inspira à M. M.... le désir de se faire comédien, et voici la lettre qu'il écrivit à Préville pour lui demander conseil à ce sujet. Il rend

(*) Préville fut nommé membre de l'Institut.

compte, à la fin de son épître, de la raison qui l'empêche de s'adresser à Courville, son professeur.

« Depuis un an que je suis à Paris, j'ai partagé mon temps entre l'étude du droit et celle des grands maîtres de la scène française. C'est le charme que vous, Molé, Brizard, Lekain, répandez sur ces chefs-d'œuvre de l'esprit humain, qui a augmenté mon admiration pour eux. Me contenter, en les lisant, de cette admiration, voilà, sans doute, tout ce que je devrais faire, puisque, par le hasard de ma naissance, je suis destiné à un état dont la gravité contraste singulièrement avec celui de comédien; et cependant c'est à ce dernier état que je me sens appelé. Dans ce moment le préjugé seul me retient encore, mais ce préjugé est-il fondé?

« Voilà la question que je me fais, et c'est à vous, monsieur, que je m'adresse pour fixer mes idées.

« Chez les Grecs et chez les Romains, le théâtre fut dans son principe un objet de patriotisme et de religion. Je sais qu'il finit, dans l'empire grec, par dégénérer en vil batelage. Je sais que dans les premiers temps de son espèce de régénération en France, il inspira un juste scandale aux Chrétiens, et que l'indécence des vils histrions

qui se montrèrent alors en public, rendit pour
jamais l'Église ennemie du théâtre. Mais Corneille, Racine, Molière, etc., etc., n'ont-ils pas
effacé ces taches honteuses d'un siècle grossier?
N'ont-ils pas élevé le leur à la plus haute gloire
nationale? Et cette gloire ne rejaillit-elle pas
encore sur le nôtre? Si le feu sacré de leur génie
ne se perpétue pas dans les écrits qui suivent les
leurs, c'est que la nature, prodigue en tout, n'est
avare que lorsqu'il est question de procréer un
de ces êtres qu'elle destine à l'instruction de tous
les siècles.

« Si l'homme de génie qui sacrifie ses veilles
à la splendeur de la scène, attend toute sa gloire
de ses succès lorsqu'ils couronnent son travail,
quelques étincelles de cette gloire, on n'en saurait douter, sont dues à l'acteur qui a embelli son
ouvrage du charme de la représentation ; et,
dans ce cas, ne se trouve-t-il pas identifié avec
celui dont il a mis l'œuvre en action ? L'acteur,
en exprimant la pensée créée par l'auteur dramatique, éprouve une élévation d'âme qui le met au
niveau de celui-ci : sa pensée devient la sienne.
Si l'auteur comique peint à notre imagination
les travers et les ridicules, les vices et les passions
honteuses, l'acteur en scène ajoute à l'énergie
du tableau en lui donnant la vie. Je lis ce que

peuvent dire et faire un avare, un prodigue, un joueur, un hypocrite, mais je ne saurais saisir en idée toutes les nuances qui peuvent m'inspirer une juste aversion contre eux. Je les voir agir : le tableau reste gravé dans ma mémoire : c'est un préservatif au besoin contre ces vices honteux. Ma reconnaissance pour ce bienfait se partage entre l'auteur et l'acteur.

« En partant de ce principe juste, je me dis, l'écrivain dramatique et celui qui fait valoir ses chefs-d'œuvre par la représentation doivent être placés, dans l'opinion, sur la même ligne, bien entendu que je suppose à ce dernier un talent transcendant, ou, au moins, le germe qui le fait éclore.

« Je ne dois donc plus être arrêté par la honte injuste attachée à l'état de comédien, et il me semble que je ne dois pas plus rougir de l'embrasser que je ne rougirais de composer des pièces de théâtre, si la nature m'avait doué du génie nécessaire pour leur composition.

« Vous jouissez de tous les agréments attachés au titre de comédien, et dont le plus précieux est l'estime que le public a pour votre talent. M. Courville honoré, comme vous, par ce même public pour ses mœurs, son honnêteté et sa probité intacte, mais abreuvé de dégoûts lorsqu'il

paraît en scène, pourrait avoir de votre état et du
sien une idée moins juste que celle qu'il doit en
avoir; cette raison m'a déterminé à m'adresser
de préférence à vous, certain que le conseil que
vous me donnerez dans cette circonstance sera
dicté par l'impartialité.

> » Je suis, etc. »

Réponse de Préville,

« Si je croyais, monsieur, que mon état fût
incompatible avec les sentiments d'honneur et
de loyauté dont tout homme doit se glorifier, je
l'abandonnerais à l'instant. Ce n'est donc pas sur
un préjugé, mal fondé, que je motiverai ma
désapprobation très-prononcée relativement au
projet que vous avez de vous faire comédien,
mais uniquement sur votre propre préjugé.

« C'est une erreur impardonnable que de vouloir assimiler l'acteur qui représente un rôle, à
celui qui l'a créé : il y a sans doute un grand
mérite à le bien représenter, mais ce mérite est
fort au-dessous du talent de composer. Les productions du génie passent à la postérité, et le
public ne se souvient plus le lendemain des tons
de vérité que l'acteur lui a fait entendre la veille :
ils se sont perdus dans le vague de l'air, sans
laisser le moindre vestige auquel on puisse les

reconnaître. Aucune comparaison ne peut donc s'établir entre l'un et l'autre. Il y aurait folie à mettre *Lekain* sur la même ligne que l'auteur de *Zaïre* : ce serait mettre en parallèle *Rubens* et ses copistes.

« Le grand mérite de l'acteur est de faire valoir les chefs-d'œuvre des grands maîtres : en cette qualité il participe de droit à ses lauriers, mais, il faut en convenir, il n'est que l'interprète de leurs pensées et l'organe de leurs productions. Cette portion de gloire est assez belle pour qu'il puisse s'en contenter.

« Du temps des Sophocle et des Euripide, c'était l'Aréopage qui se trouvait chargé du soin de juger les pièces avant leur représentation. Ce tribunal qu'on disait avoir autrefois jugé les dieux ne croyait pas indigne de lui d'apprécier les chefs-d'œuvre de l'esprit humain. Le poëte dont l'ouvrage venait d'être reçu était couronné de lauriers dans l'Aréopage même et conduit en triomphe par toute la ville. Ce poëte après tous ces honneurs devenait, pour l'ordinaire, acteur dans sa pièce. Alors, sans doute, l'état de comédien emportait avec lui l'idée du double talent de la représentation et de la composition.

« Aujourd'hui ces deux états sont trop distincts pour qu'on puisse les confondre.

« Sans études préliminaires, sans instruction, sans génie, mais simplement avec quelques dons naturels et l'art de saisir les diverses manières et les tons de la société, on peut se hasarder sur la scène, et même y obtenir des succès : mais eût-on, avec ces avantages, ceux qui constituent le grand comédien, on ne sera pas encore en état de produire une seule scène tragique ou comique (*).

« Je ne rougis pas de le dire, parce que c'est une vérité. Comme comédiens, nous devons notre état aux auteurs qui enrichissent la scène française de leurs ouvrages; sans eux nous ne serions rien, et sans nous ils seraient encore beaucoup.

« En détruisant la base sur laquelle vous aviez établi la parité de talents entre nous et l'homme de lettres, je ne prétends pas pour cela rabaisser l'état auquel je me suis voué : l'art que nous professons en exige d'un autre genre, qui ne sont pas moins précieux pour l'instruction publique : encore moins rabaisserais-je mon état, comme je vous l'ai dit en commençant ma lettre, sous le rapport d'un préjugé, qui s'affaiblit chaque jour et s'effacera bientôt pour ne plus se

(*) Talma, et bien d'autres comédiens de son temps et presque tous les artistes qui illustrent aujourd'hui les différentes scènes de l'Europe, chanteurs ou acteurs, donnent tort à la modestie de Préville.

montrer ; car, quel est l'homme de bon sens qui n'en sent pas toute l'injustice?

« L'estime accompagne le comédien qui sait la mériter, et je puis dire, sans craindre d'être démenti, qu'il en est peu sur la scène française qui ne jouissent pas de celle de tous les honnêtes gens.

« Si ce que vous venez de dire dissipe, comme cela doit être, le prestige de parité, mal fondée, que votre imagination s'était plu à créer entre l'auteur et l'acteur, il vous restera, peut-être, contre l'état de celui-ci ce préjugé, enfant de la déraison, dont je disais tout à l'heure qu'il n'était pas un homme de bon sens qui n'en sentît l'injustice (*) : conservez-le jusqu'à ce qu'un autre préjugé, qui est au moins fondé en raison, se soit profondément gravé dans votre esprit : c'est que dans l'ordre social nous ne devons pas nous écarter de la route qui nous est tracée par nos pères. Destiné à siéger sur ces mêmes lys sur lesquels vos aïeux ont acquis une gloire immortelle, ce serait la profaner que de ne pas mériter, dans la même carrière, le même degré de gloire.

« Je suis, etc. »

(*) Ce préjugé que rien ne justifiait est, grâce à la raison, entièrement détruit aujourd'hui.

UNE LEÇON DE DÉCLAMATION DE PRÉVILLE (*).

Préville, à la recommandation de quelques
amis, avait accordé ses leçons et ses conseils pour
faire l'éducation théâtrale d'une jeune personne,
remarquable par sa beauté. On pensait qu'avec
un si bon guide, elle ne pouvait manquer de
réussir et de briller; sa voix était charmante,
elle parlait purement sa langue, elle avait tout
pour plaire, et l'on présageait déjà ses succès.

L'illustre comédien, pour animer cette belle
statue, lui avait fait apprendre le rôle d'Ariane.

Un jour il cherchait à lui faire sentir les beautés
de l'ouvrage; il voulait exalter son imagination,
en lui dépeignant les malheurs de cette princesse
trompée, délaissée, abandonnée par celui qu'elle
aimait.

Après un discours plein de verve et de chaleur,
Préville dit : « Allons, mademoiselle, livrez-vous à

(*) Quelques auteurs attribuent cette anecdote à un
artiste bien postérieur à Préville, mais le doute n'est pas
possible; Préville raconte le fait dans ses mémoires.
Mme Talma en parle aussi, et nous avons choisi sa narration
dont le style nous a paru plus original.

toute votre émotion; ne craignez pas de mal faire : c'est de la sensibilité, c'est de l'âme qu'il nous faut!... Allons, je vous écoute. »

Et la jeune personne répète, ce qu'elle fait toujours froidement, comme une pensionnaire de couvent...

Préville bouillonnait d'impatience , mais il tâchait de se contenir.

« Comment, mademoiselle, vous restez froide, dans une situation si touchante!... Tenez, voyez, en disant ce vers, moi, je pleure, je suis ému.... Échauffez-vous donc! criait-il à tue-tête; pleurez, sanglotez! Recommencez-moi cela... Oh ! vous ne sentez rien, je le vois.

« Laissons Ariane, je vous prie, et parlons de vous... Causons : — Un jour, vous songerez à vous marier, n'est-il pas vrai? Répondez.—Mais... oui... monsieur. — Fort bien, mademoiselle ; et si votre amant... non...je veux dire votre prétendu... celui que vous aurez choisi, s'il s'éloignait, s'il vous abandonnait, que feriez-vous? — Monsieur... — Répondez franchement, allons. — Eh bien!... monsieur... j'en prendrais un autre. — Vous en prendriez un autre, dites - vous!... Mademoiselle , cette leçon est la dernière, ne songez à jouer ni tragédie, ni comédie... vous ne ferez jamais rien, c'est moi qui vous le dis.

Faites-vous marchande, ouvrière, tout ce qu'il vous plaira... Adieu, je vous salue. »

Et Préville ajoute dans ses mémoires :

« Mon expérience sur l'art dramatique, et les observations que j'ai été à portée de faire, m'ont convaincu d'une vérité qui paraîtra peut-être paradoxale à bien des gens : c'est qu'au théâtre on peut exprimer toutes les passions sans les avoir jamais éprouvées par soi-même, *l'amour excepté*. L'homme le plus doux représentera très-bien un personnage cruel : avec le plus profond mépris pour la fatuité, un acteur copiera parfaitement tous les ridicules d'un petit-maître ; et celui qui sera doué du caractère le plus pacifique contrefera facilement l'emportement d'un bourru et ses manières bizarres ; mais l'expression de la tendresse n'étant point du ressort de l'art, il me paraît impossible de l'atteindre si jamais on n'a éprouvé ce sentiment, et lorsqu'on l'a éprouvé, comme il s'affaiblit avec l'âge, c'est aussi quand l'âge heureux d'aimer est passé qu'il faut renoncer à l'emploi des amoureux. On ne les joue plus alors que par souvenir, et dans ce cas le souvenir nous sert toujours mal. »

RÉFLEXIONS SUR LEKAIN, PAR TALMA.

Il faut l'avouer, Lekain eut quelques défauts ; mais dans la littérature et les arts d'imitation, le génie est estimé en raison des beautés qu'il enfante, ses imperfections ne font point partie de sa renommée ; c'est la matière grossière qui serait tombée dans l'oubli sans l'excellence de ses plus nobles inspirations, et le souvenir de ses défauts ne se perpétue que dans la célébrité que lui ont value ses perfections. La nature avait refusé à Lekain quelques avantages physiques que la scène exige. Ses traits n'avaient rien de noble ; sa physionomie paraissait commune, sa taille était courte ; mais son exquise sensibilité, mais les émotions d'une âme ardente et passionnée, mais cette faculté qu'il avait de se plonger tout entier dans la situation du personnage qu'il représentait, mais cette intelligence si fine, qui lui faisait deviner et rendre toutes les nuances des caractères qu'il avait à peindre, venaient embellir ses traits irréguliers, et leur donner un charme inexprimable. Sa voix était naturellement pesante et peu flexible ; elle était couverte d'un léger voile, mais ce voile même donnait à cette voix, défectueuse sous quelques rapports, je ne sais quelles vibrations mélancoliques et pénétrantes qui allaient vous remuer jusqu'au fond de l'âme. Il vint cependant à bout, à force de travail, d'en dompter la roideur, de l'enrichir de tous les accents de la passion, et de la rendre obéissante à toutes les inflexions les plus délicates du sentiment. Il avait enfin étudié sa voix comme on étudie un instrument; il en connaissait toutes les qualités et tous les défauts. Il passait légèrement sur les cordes ingrates pour ne faire vibrer que les cordes harmonieuses; sa voix, sur laquelle il avait essayé tous les accents, était pour lui comme un riche clavier dont il tirait à volonté tous les sons dont il avait besoin; et telle est la puissance d'une voix sensible donnée par la nature, ou acquise par l'art, qu'elle émeut même l'étranger qui ne comprend pas les paroles. La voix de Lekain avait cet avantage (*).

(*) Miss O'Neil, Mlles Gaussin et Desgarcins possédaient au suprême degré cet heureux don de la nature.

Mlle Rachel s'est fait entendre sur presque tous les grands théâtres d'Europe et d'Amérique et partout la puissance de son regard, et les riches inflexions de sa voix ont transporté ou fait frissonner les différents publics, peu ou point versés dans la connaissance de la langue française. Nous voyons

OPINION DE TALMA SUR LA RELIGION ET SUR LE PRÉJUGÉ RELATIF
A L'ÉTAT DE COMÉDIEN.

« Profondément convaincu avec tous les bons esprits, » disait-il à son neveu Amédée Talma (et nous nous ferons un devoir rigoureux de ne pas changer un seul mot à ses expressions), « de l'existence de l'Être Suprême, c'est par respect même pour cet Être, que j'honore toutes les religions dont le théisme est la base; mais je tiens pour la meilleure d'entre elles, celle qui fait le plus de bien aux hommes. Je suis, comme mes pères, de la religion fondée par le Christ; de cette religion qui console ceux qui pleurent, soulage ceux qui souffrent, tient compte des bonnes œuvres, et se contente de la foi du Centenier; de cette religion qui, tout amour et tout indulgence, peut seule convenir à mon cœur . . . . . »

« Oui, disait-il un autre jour, la religion chrétienne doit être la seule vraie, puisqu'elle est la plus humaine de toutes les religions; et, des sectes

aujourd'hui Mme Ristori produire les mêmes effets : sans comprendre un mot d'italien, on s'émeut, on aime, on pleure avec la grande tragédienne, tant sa pantomime est expressive, tant sa voix est touchante.

dans lesquelles elle se divise, la préférable , sans doute, est celle qui est le plus conforme à l'esprit de charité; qui a le plus d'indulgence; qui ne proscrit personne; qui ne met point de bornes à la clémence infinie de Dieu... C'est à celle-là que j'appartiens; c'est dans celle-là que je veux mourir... »

Sans cesse préoccupé de la pensée de l'excommunication aussi absurde qu'odieuse, que le clergé de France, plus intolérant que celui de Rome, faisait peser sur les hommes qui cultivent l'art dramatique, il s'écriait avec l'accent d'une indignation profonde et toute la force d'une pressante dialectique, dans une autre circonstance où cette question était débattue devant lui (*) : « Si la philosophie a fait rendre aux comédiens les droits civils qu'ils n'eussent jamais dû perdre, le fanatisme leur dispute encore, dans quelques églises, non pas à Rome, chose remarquables, non pas dans les Pays-Bas, *mais en France,* les droits acquis à tous les chrétiens. On

(*) Dans une discussion semblable, Préville citait un registre des comédiens établis à Paris qui commençait ainsi : « au nom de Dieu, de la Vierge-Marie, de saint » François de Paule et des âmes du purgatoire, nous avons » commencé, le 18 mai 1716, par l'*Heureuse surprise* » (l'Inganno fortunato). »

y refuserait la sépulture à un homme qui se serait illustré pendant quarante ans, dans ma profession, ou on ne la lui accorderait que dans le cas où il aurait fait, en mourant, abjuration d'état; certes, je n'appartiendrai jamais à cette église-là. Je ne veux pas me déshonorer, en vouant à l'infamie l'état que j'ai exercé, qu'exercent tant de gens que je m'honore d'avoir pour amis. Quoi! Dieu me fermerait son sein parce que j'aurai passé quarante ans de ma vie à instruire le peuple par des plaisirs utiles! à lui donner, en beaux vers, des leçons de haute morale! cela ne se peut pas. Une semblable idée est un blasphème contre l'Être souverainement juste et bon... Si l'on me fermait la porte de la paroisse, qu'on ne frappe pas pour me la faire ouvrir, aux dépens de mon honneur; celle du ciel ne me sera pas fermée; on peut y aller comme au champ du repos, sans passer par la paroisse. La voie qui conduit à Dieu est immense comme sa miséricorde. »

ANECDOTES SUR TALMA.

Trois jeunes légistes, devenus célèbres au barreau, MM. Bellart, Bonnet et Lépidor, passaient

souvent les longues soirées d'hiver à s'exercer à
la lecture à haute voix ; et, pour se former à l'art
oratoire, ils récitaient des scènes de Corneille et
de Racine, de Molière et de Voltaire. Ami des trois
jeunes avocats, Talma, alors élève en chirurgie,
se réunissait à eux ; il était présent à leurs
exercices ; mais il n'y prenait d'abord aucune
part. Il restait assis au coin du feu, comme
absorbé, rêveur, insouciant, et se montrait
étranger à ces nobles études : pendant assez
longtemps il fut vainement pressé de s'y associer.
Enfin, il céda à des instances vives et toujours
renouvelées. On lui mit en main un livre, et il
donna les répliques !

D'abord il s'y prit mal, puis un peu mieux, puis bien,
  Puis enfin il n'y manqua rien.

Bientôt l'insouciance devint un goût, et le goût
une passion. M. Bellart aimait à raconter que le
barreau avait donné Talma au théâtre.

A l'époque où Bonaparte, premier consul, fut
proclamé empereur, Talma avait cru devoir
mettre un terme à l'ancienne familiarité qui avait
régné jusque-là entre lui et l'homme extraordi-
naire dont l'astre éclatant s'élevait sur la France.
Il cessa de paraître au palais ; mais Napoléon ne

tarda point à s'apercevoir de son absence, et lui
fit dire par un chambellan qu'il aurait désor-
mais tous les jours ses entrées au palais à l'heure
du déjeuner.

C'était pendant ce repas, et à sa suite, que
s'établissaient entre eux ces conversations qui
duraient quelquefois des heures entières, et
auxquelles Napoléon paraissait attacher le plus
vif intérêt.

Un jour l'empereur discutait, avec la supériorité ordinaire de son jugement, le jeu de Talma
dans le rôle de Néron (*Britannicus*). Il n'en
paraissait pas entièrement satisfait. « Je voudrais,
disait-il, reconnaître davantage, dans votre jeu,
le combat d'une mauvaise nature avec une
bonne éducation ; je désirerais aussi que vous
fissiez moins de gestes ; ces natures-là ne se
répandent pas au dehors ; elles sont plus concen-
trées. D'ailleurs, je ne puis trop louer les formes
simples et naturelles auxquelles vous avez ramené
la tragédie ; en effet, lorsque les personnes consti-
tuées en dignité, soit qu'elles doivent leur élévation à la naissance ou aux talents, sont agitées
par les passions ou livrées à des pensées graves,
elles parlent sans doute de plus haut, mais leur
langage ne doit être ni moins vrai, ni moins
naturel. » Au même instant, et toujours préoc-

cupé de l'idée qui, dans les moindres actes, domi-
nait toute sa vie, il s'interrompait lui-même pour
dire : « Par exemple, en ce moment, nous parlons
comme on parle dans la conversation ; eh bien,
nous faisons de l'histoire. »

Un événement politique, d'une haute importance, a dû sa naissance à l'une des conversations
dont nous parlons ici ; c'est la mesure qui a rendu
aux juifs un état civil en France. La tragédie
d'*Esther* avait été représentée à la cour, dans les
premiers jours de juillet 1806, et le lendemain,
Talma s'était rendu, comme de coutume, au déjeuner de l'empereur, auquel assistait M. de Champa-
gny, alors ministre de l'intérieur. La conversation
s'établit sur la représentation de la veille : « C'était
un pauvre roi que cet Assuérus, » dit Napoléon à
Talma ; et se tournant presque au même instant
vers le ministre de l'intérieur : « Qu'est-ce que ces
juifs? quelle est leur existence? Faites-moi un rapport sur eux. » Le rapport fut fait, et ce fut quinze
jours environ après cette conversation, que fut
convoquée, le 26 juillet 1806, la première assemblée des notables d'entre les juifs, dont le but
était de fixer le sort de cette nation, et de lui
donner en France une existence légale.

Ce fut à la suite d'une représentation de *la Mort
de Pompée*, où Talma jouait le rôle de *César,* que

Napoléon lui adressa, sur la manière dont il entendait ce rôle, des réflexions critiques d'une justesse admirable, et dont un acteur aussi profondément versé que Talma dans la connaissance de son art, ne pouvait manquer de tirer un grand parti. « En débitant, » disait Napoléon, « cette longue tirade contre les rois, dans laquelle se trouve ce vers :

« Pour moi qui tiens le trône égal à l'infamie, »

César ne pense pas un mot de ce qu'il dit : il ne parle ainsi que parce qu'il a derrière lui ses Romains auxquels il est de son intérêt de persuader qu'il a le trône en horreur ; mais il est loin d'être convaincu que ce trône, qui est déjà l'objet de tous ses vœux, soit une chose méprisable. Il importe de ne pas le faire parler en homme convaincu ; et c'est ce qui doit être soigneusement indiqué par l'acteur. » Ces aperçus, aussi neufs que profonds, furent parfaitement saisis par Talma, qui en fit une étude particulière, et, à la première représentation du même ouvrage, qui eut lieu à Fontainebleau, il entra avec une si étonnante vérité dans les intentions de Napoléon, que ce monarque manifesta son enthousiasme et déclara que pour la première fois il avait vu César.

Dans les premiers temps de sa carrière théâtrale et tandis que la tourmente révolutionnaire agitait la France, Talma fut lié, à Paris, avec quelques hommes politiques, au nombre desquels se trouvaient plusieurs conventionnels. Lorsque le despotisme détrôna l'anarchie, Talma, en parcourant cette carrière hardie qui fit dire un jour à Mlle Contat : *Il a l'air d'une statue romaine,* Talma se souvint de ses amis, surtout de ceux qui, fermes dans leurs principes, refusèrent de courber la tête devant le nouvel empereur. Avec tous il fut toujours le même homme.

La seconde restauration revint avec ses rancunes et ses haines. On ne le sait que trop, plusieurs illustrations de la France, des maréchaux, des généraux, des orateurs, des jurisconsultes, des peintres, des académiciens, des savants, allèrent demander l'hospitalité à une terre étrangère, et le roi des Pays-Bas les reçut tous avec la même bienveillance. La Belgique fut pour eux une seconde patrie.

Au nombre des exilés se trouvait le conventionnel A***, qui signa dans les cent jours l'acte additionnel. Ce vieillard, qui ne voulut jamais accepter ni places, ni dignités de Napoléon, et qui vécut isolé pendant vingt ans, dans un des coins de Paris, alla s'établir à Liége, où il vivait d'un modeste revenu de 500 francs, débris d'une belle fortune que des malheurs avaient anéantie. Des maladies, des infirmités inséparables d'un grand âge, étaient venues aggraver la situation de M. A.***, qui se trouvait dans un état voisin de l'indigence.

Dans les dernières années de sa carrière, Talma alla faire un voyage en Belgique et donna des représentations à Bruxelles, à Liége, à Anvers et à Gand. A peine arrivé à Liége, le grand acteur fut visité et fêté par plusieurs Français de distinction qui résidaient dans cette ville, et par des amis éclairés des lettres et des arts, tels que cette cité en renferme. Au bout de quelques jours, les compatriotes et les amis de Talma résolurent de lui donner une fête; une députation fut envoyée auprès de lui pour l'inviter à un banquet : c'était l'avant-veille de son départ. Talma accepta avec empressement une fête offerte par l'amitié.

« Mais, dit-il, je ne puis accepter votre invita-
» tion que pour demain soir après la représenta-
» tion ; car des engagements impérieux me
» forcent à partir après-demain matin. »

On convint donc de faire un souper. On passa en revue le nom des convives, qui, pour la plupart, étaient des Français et des proscrits. Le nom de M. A*** fut prononcé dans la conversation.

« M. A***, s'écria Talma, mais c'est un des amis
» de ma jeunesse ; ne sera-t-il pas des nôtres ?

» — Hélas ! répondit celui qui avait prononcé
» son nom, M. A*** n'est pas heureux : il ne voit,
» il ne veut voir personne.

» — Ah ! rendez-moi ce service, dit Talma :
» voyez-le, rappelez-moi à son souvenir. Dites-lui
» combien je serai content de le presser dans mes
» bras !.. Faites en sorte qu'il soit au nombre des
» convives. »

On se rendit chez M. A***, qu'on trouva dans un
complet dénûment. On lui dit que Talma donnait des représentations à Liége, et qu'il avait
témoigné le désir de le revoir, lui son vieil ami.
« Je sais, dit-il, que Talma est ici ; mon plus
» grand plaisir eût été d'assister à une de ses
» représentations : mais peut-on donner quelque
» chose au superflu quand on manque du néces-
» saire ?... Au surplus, je ne demande, je n'ai
» jamais rien demandé à personne... Qu'on m'ap-
» pelle original, ou autrement, peu m'importe ;
» je ne veux pas sortir de mon obscurité : c'est
» vous dire assez que je n'irai point voir Talma. »

On reprocha doucement au vieillard son éloi-
gnement pour le monde ; on lui rappela qu'il
avait des amis dont il dédaignait les offres ; enfin
on employa force prières pour le faire revenir de

sa résolution, et on ne parvint à le fléchir qu'en lui assurant que son refus affligerait beaucoup Talma.

L'état de gêne de M. A*** était tel, qu'il n'avait pas un seul vêtement avec lequel il pût se présenter modestement en société. Il fallut faire de nouvelles instances pour lui faire accepter des habits et du linge, qui lui furent apportés le lendemain. M. A*** finit par y mettre de la bonne grâce. Il se promettait un grand plaisir à la représentation.... Mais hélas! ses amis n'avaient pas pensé à lui envoyer aussi un billet d'entrée, et le pauvre homme n'avait pas de quoi payer sa place.

On s'excusa sur l'oubli maladroit, et on l'emmena.

La reconnaissance entre M. A*** et Talma fut touchante : « Mon vieil ami, lui dit Talma, nous » avons fait l'un et l'autre bien du chemin depuis » trente ans! » Puis, lui parlant de la représentation : « Vous connaissez, sans doute, ajouta-t-il, » la tragédie de M. de Jouy : comment m'avez- » vous trouvé dans *Sylla?* »

« — Mon cher Talma, lui répondit-il, je n'ai pas » eu le plaisir de vous voir jouer aujourd'hui. » Puis il s'arrêta tout à coup. Un des interlocuteurs de cette scène rompit le silence, et raconta à Talma

le motif qui avait empêché M. A*** d'aller au
spectacle. Talma en fut vivement touché.

On se mit à table, M. A*** fut placé à côté de
son ancien ami. La plus franche cordialité régna
pendant le repas. Lorsqu'on fut levé de table,
Talma tira M. A*** dans l'embrasure d'une croisée
et lui dit à voix basse : « Mon ami, vous n'avez
» pu jouir du spectacle ; mais, au nom de notre
» vieille amitié, daignez accepter le produit de
» cette représentation qui était tout entière à
» mon bénéfice. »

Et en disant ces mots avec émotion, Talma lui
glissait dans la main six billets de mille francs,
que le directeur lui avait apportés le soir même
dans sa loge.

L'orgueil de M. A*** se réveilla de nouveau, et
il refusa avec fermeté.

« Au moins, dit Talma, les larmes aux yeux, si
» vous n'acceptez pas cette faible somme comme
» un don, ne la refusez pas comme un prêt fait
» par un vieux camarade ! »

M. A***, vaincu par tant de générosité, accepta
et proclama, à l'instant même, devant toute la
société, le service que Talma venait de lui rendre
avec tant de délicatesse et de désintéressement.

PORTRAIT DE GARRICK PAR M. K. S. H.

On a souvent opposé *Garrick* à *Préville* : les partisans de la gloire de celui-ci ont cru que c'était en faire un mince éloge que de le comparer à ce Roscius du théâtre anglais. S'il m'était permis d'énoncer mon opinion, je dirais que c'est l'éloge le plus pompeux qu'on ait pu faire à l'époque où l'on établissait cette comparaison. *Garrick* avait alors acquis tout ce qu'on pouvait attendre d'un grand comédien, et *Préville* acquérait de jour en jour. J'étais fort jeune lorsque, pour la première fois, je vis *Garrick* dans *Caton*, tragédie d'*Addisson*. Après avoir représenté dans cette pièce le rôle sévère de *Caton*, avec la sublimité du talent de Lekain, je ne fus pas peu surpris de le voir reparaître dans *Inkle and Yarico*, comédie, et y remplir le rôle d'amant avec la même grâce, la même légèreté, le même abandon, que *Molé* mettait dans les rôles de ce genre. M. de *Beaumarchais*, avec qui j'étais à cette double représentation, et à qui j'avais donné une idée de cette dernière pièce, devinait l'esprit des scènes sur le jeu muet de *Garrick*. Il me serait impossible de bien peindre l'enthousiasme qu'il éprouvait toutes les fois que ce comédien jouait;

car pendant le court séjour qu'il fit, à cette
époque, à Londres, il ne manqua pas une seule
des représentations dans lesquelles il était annoncé. Le jugement de M. de *Beaumarchais* sur
un comédien, dont il entendait à peine la langue,
peut bien assurément être de quelque poids. En
effet, dans le tragique, *Garrick* faisait éprouver,
par son seul jeu muet, les mouvements des passions les plus violentes; il arrachait, s'il est permis de se servir de cette expression, les entrailles
du spectateur, déchirait son cœur et lui faisait
verser des larmes de sang. Dans le haut comique,
c'était *Bellecour,* dont il n'avait cependant pas la
belle prestance; je ne sais comment il faisait, mais
il fascinait les yeux; c'était un véritable magi-
cien, qui ne prononçait pas un mot sans vous
enchanter. Dans le genre moins élevé, il eût fait
rire *un chancelier de l'échiquier.* Il s'arrangeait
à la scène avec un art que lui seul connaissait
et dont il n'avait pas laissé le secret; il avait un
visage pour tous les rôles, et pour tout dire, enfin,
il faisait prendre aux muscles de sa physionomie
les formes qu'il voulait et se rendait ainsi mécon-
naissable aux personnes mêmes avec lesquelles
il vivait d'habitude. Qu'on réunisse à tous ces
accessoires une diction pure, un organe flatteur
une connaissance parfaite de la scène, des gestes

savants et l'on aura à peine une idée de ce comé-
dién auquel, avec raison, on assimilait *Préville,*
mais que celui-ci a depuis surpassé dans quelques
points.

—

Farinelli, qui dut à son talent comme chanteur
la dignité de *grand d'Espagne* et la plus incroyable
fortune, avait commandé à un tailleur un habit
magnifique, qu'il voulait avoir dans les vingt-
quatre heures. — Je quitterai tout pour vous
satisfaire, lui dit celui-ci, et effectivement, il lui
rapporta son habit le lendemain à son réveil.

Farinelli lui demanda son mémoire.

— Je n'en ai point fait, répondit le tailleur, et
n'en ferai point. Pour tout payement je n'ai qu'une
grâce à vous demander : je sais que ce que je désire
est d'un prix inestimable ; mais puisque j'ai eu le
bonheur de travailler pour un homme dont on
ne parle qu'avec admiration, je ne veux d'autre
payement que de lui entendre chanter un air.

Farinelli s'en défendit et voulut qu'il acceptât
le prix qu'il crut devoir mettre à l'habit qu'il lui
avait apporté ; mais le tailleur persista à refuser.
Enfin le musicien, vaincu par l'extrême désir que
cet homme avait de l'entendre, s'enferma avec
lui, chanta ses morceaux les plus brillants et se

plut à déployer la supériorité de son talent. Le tailleur était enivré de plaisir : plus il paraissait étonné et plus Farinelli mettait d'expression dans son chant.

Quand il eut chanté, le tailleur hors de lui-même lui témoigna toute sa reconnaissance et se prépara à sortir.

— De tous les applaudissements que j'ai reçus jusqu'à présent, lui dit Farinelli, aucuns ne m'ont autant flatté que ceux que vous venez de me donner. Il est donc juste que je vous en témoigne ma reconnaissance.

En même temps, il tira de sa bourse le double de la valeur de l'habit que le tailleur lui avait apporté. Celui-ci continuant à refuser :

— Je vous ai cédé, ajouta Farinelli, il est juste que vous me cédiez à votre tour.

—

Thomson, l'un des poëtes qui ont fait le plus d'honneur à l'Angleterre, et qui ne vivait que du travail de sa plume, était souvent réduit aux derniers expédients, non par motif d'inconduite, mais en raison de sa grande insouciance, qui lui faisait abandonner ses œuvres à vil prix au premier libraire qui se présentait, quand il aurait pu en tirer le plus grand parti s'il se fût adressé à un libraire honnête. Un de ses créanciers, plus

sensible au son de l'or qu'à celui des beaux vers,
le fit arrêter et conduire en prison. On débitait
cette nouvelle dans un café où se trouvait *Kean*,
célèbre acteur de Drury-Lane : il y attendait
l'heure de se rendre au théâtre, et cette heure
s'approchait : il devait paraître dans la première
pièce, et certain, d'après ce qu'il projetait, qu'il
lui serait impossible de s'y trouver, il écrivit à
la hâte un billet pour prévenir Garrick, alors
directeur de ce théâtre, qu'une affaire de la plus
grande importance l'empêcherait de remplir son
rôle, et qu'il eût à s'arranger en conséquence
pour prévenir le public sur le changement de
spectacle. A cette époque, pareille proposition à
faire presque au moment du lever de la toile,
n'était pas sans de grands inconvénients. Cependant, pour cette fois, la chose se passa fort
doucement. *Kean* était si généralement estimé
et aimé, que les spectateurs ne marquèrent d'autre
inquiétude que celle de le croire malade.

Pendant que ceci se passait au théâtre, *Kean*
s'était rendu dans la maison du *bailiff*, chez lequel
Thomson, suivant l'usage, avait été déposé avant
d'être conduit en prison. Après s'être porté caution de la dette de ce poëte, il lui avait fait
annoncer sa liberté par le *bailiff*, et avait chargé
cet homme de lui dire en même temps, qu'un

de ses amis l'attendait pour sortir ensemble.
Thomson, moins empressé de jouir de sa liberté
que de connaître l'ami à qui il en avait l'obliga-
tion, descendit avec la précipitation qu'on doit
supposer. Ne voyant que l'acteur *Kean,* qu'il
connaissait à peine, il cherchait des yeux l'ami
que lui avait annoncé le *bailiff. Kean* lui prenant
la main : « C'est moi, lui dit-il, qui ai osé me
donner pour votre ami. Soyez le mien comme je
suis le vôtre, puisque je vous dois la vie. » *Thomson*
ouvrait de grands yeux sans rien comprendre à
ce langage. « Oui, continua *Kean* : j'allais mourir
d'une maladie de langueur quand je me suis fait
lire votre poëme des *Saisons;* il m'a fait tant de
plaisir que, pour marque de ma reconnaissance,
je vous avais mis dans mon testament pour trois
cents livres sterling : actuellement que ma santé
est rétablie, grâce à votre charmant ouvrage,
j'ai cru qu'il valait mieux vous payer ce petit
legs de mon vivant que d'en charger mon
exécuteur testamentaire : voilà donc ma dette,
lui dit-il, en lui remettant un petit portefeuille,
que *Thomson* fut forcé d'accepter. On juge bien
que *Kean* n'eut jamais un plus sincère ami.

—

A l'époque où commença la révolution, mademoiselle C*** éprouva de la part de Du*** des

vexations d'un genre particulier; toutes les fois qu'il se trouvait en scène avec elle, il profitait des moments de *jeu muet* pour lui dire mille impertinences, auxquelles cette actrice n'opposait que le mépris, quoiqu'elle eût pu alors obtenir justice, si elle s'était adressée aux gentilshommes de la chambre. Elle eut par la suite de plus fortes raisons encore de haïr mortellement cet homme. Enfin, arriva un moment où il eut besoin de recourir à elle : il lui écrivit, la pria d'oublier le passé et l'assura d'une reconnaissance éternelle si elle voulait bien s'intéresser au succès de la demande qu'il faisait. Il était certain que la moindre opposition de mademoiselle C*** suffirait pour qu'il fût éconduit. Cette actrice lui fit la réponse suivante :

« Votre lettre m'a fait de la peine et du plaisir : de la peine, parce qu'elle m'a rappelé ce que j'avais oublié depuis longtemps; du plaisir, parce que vous me donnez une occasion de vous servir, ce que j'aurais fait lors même que vous ne m'y auriez pas engagée. Je vous assure du succès : au moins le prix que j'y mettrai me le fait regarder comme certain. Ne parlons point de reconnaissance, car j'aurai trop de plaisir à vous rendre le service que vous me demandez, pour n'être pas certaine que vous en aurez un peu à le recevoir. »

La *Revue et Gazette des Théâtres,* journal rédigé par M. Achille Denis, écrivain belge, qui par son talent et son impartialité a su conquérir une place remarquable dans la presse parisienne, publie de temps à autre quelques anecdotes sur les artistes que l'on propose encore pour modèles à la génération actuelle.

M. Audibert, l'élégant et spirituel narrateur de ces anectodes, raconte ainsi *une soirée chez madame Gavaudan.*

Après sa retraite, madame Gavaudan conserva de nombreux amis. Ils formaient autour d'elle un cercle choisi, une petite cour subjuguée par son esprit et la douceur de son caractère. Cet esprit était pourtant enclin à la malice; mais il ne s'exerça jamais contre ses camarades qui l'avaient secondée, ni contre les gens de lettres dont les suffrages consacrèrent, par leur autorité, les applaudissements enthousiastes de la foule.

A l'exemple d'Elleviou, qui déserta le théâtre jeune encore pour prévenir l'époque où la jeunesse le quitterait et n'y rentra plus, madame Gavaudan refusa comme lui de reparaître. Instances, prières, avantages qu'on lui offrait pour vaincre sa résolution, tout échoua. Elle ne permit même pas que dans une représentation à bénéfice sa présence exerçât son effet magique. Pour elle

la rampe éteinte le soir de ses derniers adieux
au public cessa de se rallumer. Ce fut dès lors
une nuit profonde. Le soleil ne rayonna plus
que sur son nom, longtemps l'honneur de l'opéra-
comique.

On trouvait, il est vrai, dans les conversations
de madame Gavaudan, qu'elle alimentait, qu'elle
soutenait, tout l'esprit qui la fit briller sur la
scène. C'était toujours la joyeuse, la lutine Jean-
nette de *Joconde*. On rencontrait aussi dans ses
attrayantes causeries le souvenir vivant des traditions, les conseils les plus ingénieux, les plus
utiles. M. Mocker lui est redevable de savoir
comment son mari jouait le rôle de *Montauciel*.
M. Mocker a trop d'esprit, de talent, de bon sens
pour n'avoir pas voulu s'instruire du passé afin
de mieux apprendre à jouer le présent. Mais ce
n'étaient pas seulement les acteurs de nos jours
qui recherchaient la compagnie de madame
Gavaudan; l'un des plus zélés était Clairval, déjà
fort vieux.

Un jour, Clairval arriva au moment où l'on
discutait assez vivement sur les qualités les plus
nécessaires au comédien. Sa présence était tout
à fait d'à-propos. Rien de plus simple que Clairval
fût interrogé. On ne pouvait, en effet, rencontrer
un juge plus compétent. Cet acteur a laissé un

souvenir bien cher aux amateurs. Il a créé à peu près tous les rôles de Grétry. On sait avec quelle perfection il jouait *Azor* dans *Zémir et Azor* et *Richard* dans l'opéra de ce nom.

— Apprenez-nous, monsieur Clairval, lui dit quelqu'un dès qu'il entra, par quelle qualité on parvient à séduire le public. Personne ne peut mieux nous éclairer à cet égard. Vous n'avez qu'à vous rappeler ce que vous faisiez vous-même avec tant de succès.

— Mesdames, répondit Clairval, je commence par protester contre l'éloge que vous daignez m'accorder; je préfère traiter cette question en thèse générale, il me sera plus facile de vous satisfaire. La qualité la plus importante, la plus difficile en même temps, c'est le naturel. Tout l'art de l'artiste doit consister à l'acquérir, à le cacher. Un moraliste a dit fort spirituellement : « Rien n'empêche tant d'être naturel que l'envie de le paraître. » Il faut, en effet, se montrer, au théâtre, ce qu'on est chez soi; non qu'il faille être commun et trivial assurément, mais ce qui importe, c'est de rester constamment noble en étant toujours naturel. On n'acquiert la supériorité que par là. Il faut, en un mot, que chaque spectateur puisse se dire : Mais cela est parfaitement vrai, j'en ferais tout autant.

La naturel toutefois, quand on le cherche par le travail et par l'étude, a besoin d'éviter deux écueils : l'un qui le ferait tomber dans l'ignoble, l'autre qui l'entraînerait vers l'afféterie. Certains acteurs, principalement les actrices, à force de vouloir, pour ainsi dire, perfectionner la vérité, deviennent maniérés; quelques autres vont jusqu'à ce qui est bas, vulgaire, trivial.

Je puis ici comme autorité invoquer un grand souvenir : la fameuse Saint-Huberti se trouvait ridicule de jouer une bergère avec de la poudre, et certes elle avait pleinement raison ; aussi joua-t-elle *Colette*, du *Devin du Village*, avec ses cheveux noirs.

Quelqu'un, choqué de cette innovation, la lui reprocha.

— Il ne vous manque que d'avoir des sabots, lui dit-il.

— Tiens! vous m'y faites songer, répondit-elle ; la prochaine fois, avec mes cheveux sans poudre, j'aurai soin, pour paraître tout à fait bergère, de mettre des sabots.

Ce qu'elle fit.

Selon moi, c'était pousser loin le naturel sur la scène, d'autant que *Colette* est un tantinet coquette, puisque, pour suivre les conseils du devin, elle vient chercher *Colin* élégamment parée.

Je dois remarquer aussi qu'un débutant, dans son inexpérience, tant il s'éloigne du naturel, manque rarement de se montrer apprêté, guindé, emphatique, déclamatoire, et par conséquent faux.

Je prendrai la liberté de me citer pour exemple :

Dans le marquis des *Événements imprévus*, je faisais un geste qui semblait très-familier, et cependant on le trouvait de bon ton.

Je jouais avec ma tabatière ; c'était l'usage chez les gens de qualité. Non-seulement je l'avais vu faire à des ducs, mais à des princes, et j'avais, pour me le rappeler et m'y autoriser, une riche tabatière en or dont monseigneur le duc d'Orléans avait daigné me faire présent dans ce même rôle des *Événements imprévus*.

Depuis lors je n'ai jamais quitté cette tabatière. Je m'en sers habituellement. Elle m'est précieuse, et par la main qui me l'a donnée et par le soir où le prince, après la représentation, me fit venir dans sa loge et m'en fit cadeau pour me témoigner sa satisfaction.

En disant ces mots, Clairval cherche la tabatière, se fouille avec soin, avec inquiétude, passe la main dans ses poches, de droite à gauche ; sa surprise est grande, elle augmente sans cesse.

— Ah ! mon Dieu ! s'écrie-t-il, est-ce que je l'ai

perdue ou bien m'a-t-elle été volée? Je ne m'en consolerais jamais.

— Rappelez-vous, disent les assistants émus, si vous ne l'avez pas oubliée quelque part, si par hasard vous ne l'auriez pas laissée chez vous!

— Non, mesdames, répliqua-t-il, je m'en suis servi en venant ici.

Et la surprise et l'effroi se peignaient sur le visage de Clairval.

Puis, tout à coup, prenant un air riant et rassuré.

— J'y songe maintenant. Monseigneur le duc d'Orléans ne m'a point donné de tabatière et même je n'ai jamais eu de tabatière en or. Je vous demande pardon, mesdames, de vous avoir causé un instant de frayeur. J'ai voulu vous montrer, dans une scène improvisée, ce que doit être au théâtre le naturel.

Monsieur,

Vous m'avez prié de joindre à votre ouvrage quelques réflexions sur le sujet que vous traitez, et spécialement un aperçu de l'origine et du développement de l'éloquence politique dans notre pays. Vous me demandez surtout une appréciation sommaire des orateurs qui ont le plus marqué dans le parlement belge depuis la fondation du nouveau royaume.

Profondément convaincu de l'utilité de votre livre, je désire trop vous le témoigner pour ne pas acquiescer, dans sa dernière partie du moins, à votre demande, bien qu'elle impose un devoir difficile.

Ce n'est pas assez, en effet, pour une pareille appréciation, d'y apporter un vif désir d'être juste. L'impartialité est chose si différente pour le juge et pour le jugé! il n'est pas toujours réservé au blâme seul de blesser, de faire crier à l'injustice. La modération dans la louange, le silence même peuvent devenir des griefs.

Fort pourtant d'une disposition naturelle à l'éloge bien plus qu'au blâme, je remplirai sans scrupule cette tâche. Toutefois des convenances que vous comprendrez aisément ne me permettent pas d'étendre cet aperçu biographique au delà du Congrès National.

Mais je tiens à présenter auparavant quelques réflexions sur le sujet même de votre livre.

Le talent du comédien, consacré à reproduire des fictions ou au moins d'autres passions que les siennes, n'est-il pas tout autre chose que celui de l'orateur politique, animé de passions vraies, celles-là même qui inspirent sa parole, celles-là même que le langage d'un adversaire vient peut-être de soulever, celles-là, enfin, dont l'improvisation spontanée est d'ordinaire la plus naturelle, la plus vive expression?

Aussi, quelle que soit la valeur de la forme, si puissante dans le talent de l'acteur, à elle seule la forme servirait de peu à l'orateur politique. Sans la grandeur du but, sans les passions opposées qui existent chez l'orateur, dans les masses, au sein des partis en présence, l'éloquence politique ne peut naître. Un grand but à atteindre, quelquefois le sort d'une nation à décider, voilà ce qui peut enflammer l'orateur, le transformer, lui arracher soudain, par l'élan de la conscience et du patriotisme, quelques-uns de ces accents qui magnétisent la foule, ébranlent les convictions rebelles et raffermissent les convictions chancelantes.

Dans un tel concours de circonstances, le discours le mieux écrit passera presque toujours à peu près pour un hors-d'œuvre.

C'est en partie pour cela sans doute que les Anglais l'ont proscrit comme peu en harmonie avec la grandeur des intérêts qui mettent aux prises les partis parlementaires.

N'est-ce pas aussi à cette cause qu'est due une distinction fondamentale entre l'éloquence politique moderne et l'éloquence sacrée, où le récit de mémoire remplace d'ordinaire l'improvisation?

Quant à l'éloquence politique chez les anciens,

on ne peut nier les prodigieux effets qu'elle exerçait sur les masses. Les harangues de Démosthène, celles de Cicéron nous émeuvent profondément encore aujourd'hui, bien qu'elles nous trouvent étrangers aux intérêts, aux passions de leurs auditeurs. Mais nos jouissances en lisant ces chefs-d'œuvre sont surtout littéraires.

Si puissante que fût la parole de ces géants, il est permis de croire qu'elle eût été plus entraînante encore, si elle avait revêtu les formes que l'improvisation donne aux passions politiques de notre époque.

L'improvisation seule possède cette variété, ces contrastes, cet accord si vrai, parce qu'il est spontané, de la physionomie, de la voix, du geste. Les diversités d'intonation qui la rapprochent, sans la rabaisser, d'une conversation variée, animée, passionnée, préviennent la fatigue de l'auditoire, parce que ce terrible écueil, la monotonie, si menaçante pour le discours le mieux écrit, le mieux étudié, le mieux lu, ne peut jamais être aussi complétement évitée que dans le discours improvisé.

Je me suis senti souvent plus fatigué, après avoir entendu pendant une heure la lecture d'un discours, qu'après avoir écouté une improvisation de trois heures.

Si différent qu'en soit le caractère, l'éloquence sacrée se rapproche plus de l'objet de votre livre que l'éloquence politique; car peu de sermons, je crois, parmi même les plus célèbres, ont été improvisés. Ils sont trop parfaits dans leur ordonnance, trop achevés dans la forme et dans l'expression, pour qu'on puisse le supposer.

Est-ce à dire pour cela que l'éloquence politique ait nécessairement besoin de l'improvisation? Nous venons de voir le contraire. Les anciens, et toujours en première ligne Démosthène et Cicéron, n'ont pas, selon toute apparence, improvisé ces admirables harangues dont la lecture nous charme même comme des œuvres littéraires accomplies. On assure que Mirabeau, le général Foy et Royer-Collard récitaient leurs discours de mémoire, et l'effet en était puissant sur le public qui les entendait et qui les lisait.

Cependant, l'on peut affirmer que le récit de mémoire et l'improvisation produisent des effets très-différents; l'un plus littéraire, plus exclusivement intellectuel; l'autre plus pratique, plus politique; l'un s'adressant plus au goût, à la sensibilité, au sentiment éternel du beau; l'autre parlant plus aux intérêts, aux passions du jour, soit en les exaltant ou en les calmant chez les amis, soit en les irritant ou en les apaisant chez les adversaires.

Quand le débat a pour objet la paix ou la
guerre, quand la lutte est entre deux opinions
religieuses, entre celles-ci et des opinions philo-
sophiques, entre deux partis politiques en un
mot, la question littéraire, la question d'art
devient secondaire.

L'incorrection grammaticale, mais logique,
chaleureuse, sachant les faits et dédaignant les
ornements du style, l'emportera toujours alors
sur le talent correct, élégant, sur la diction la
plus littéraire. On a dit avec raison qu'alors les
discours sont des actes.

Il y a donc lieu de croire que l'improvisation
l'emportera de plus en plus dans les parlements
modernes sur le discours appris par cœur. Le
progrès, sous ce rapport, est très-marqué même
en Belgique. Le discours écrit y devient de plus
en plus l'exception.

Les Anglais, chez qui est né le gouvernement
parlementaire, et qu'ils pratiquent depuis près
de deux siècles, ont proscrit l'usage des discours
écrits, comme antipathique à ce gouvernement,
créé, non pour des jouissances littéraires, mais
pour traiter les affaires du pays, à peu près
comme se traitent à la Bourse les affaires entre
spéculateurs.

Quand vous entrez à la Chambre des Communes, vous vous croiriez plutôt à la Bourse que dans un Parlement. La plupart des membres de l'Assemblée s'y présentent en toilette fort négligée et restent coiffés de leur chapeau. On les voit à moitié couchés sur leur banc. J'en ai remarqué qui s'y étaient établis absolument comme sur un lit de repos.

On ne quitte cette position que pour parler à l'Assemblée; ce qu'on fait debout et le chapeau à la main.

La disposition même du local implique l'idée d'une réunion formée plus pour l'expédition des affaires que pour faire briller les orateurs. On y chercherait vainement la tribune. On parle de sa place, comme l'usage s'en est établi chez nous, à la différence de ce qui se passait au Congrès national.

La salle de la Chambre des Communes est un parallélogramme. Au centre est une grande table de même forme. Les ministres en occupent un côté dans le sens de la largeur; les chefs de l'opposition, l'autre. Les adversaires sont ainsi en face les uns des autres.

L'interdiction des discours écrits s'explique encore, en Angleterre, par une raison puissante, quoique toute matérielle. Je veux parler du nombre des membres du Parlement, qui est considérable, même à la Chambre des Lords, et qui s'élève à 648 pour la Chambre des Communes.

Avec l'admission du discours écrit, l'homme le moins capable d'en composer un peut le demander à une plume étrangère. Il n'y a peut-être pas dès lors un député, un pair qui ne fût tenté de prendre part à une discussion. Comprend-on, grâce à une pareille tolérance, le temps que pourraient absorber parfois les débats de la Chambre des Communes, avec ses 648 membres, si, comme on l'a vu quelquefois dans notre Chambre des représentants, tout le monde, à peu près, se croyait obligé de parler? Que deviendraient les affaires et la popularité du régime parlementaire avec un pareil système?

Chez nos voisins d'Outre-Manche, on sacrifie aisément les petites jouissances d'amour-propre ou les réclames électorales à la bonne et prompte expédition des affaires.

En France, autrefois du moins, il n'en était pas ainsi : c'était le système contraire qui prévalait. La connaissance des faits, l'argumentation la plus serrée ne suffisaient pas pour captiver l'attention. Le prestige de la forme, le mérite littéraire, voilà surtout ce qui faisait sensation, ce qui assurait les triomphes oratoires.

Nous ne voudrions pas voir les membres de

notre Législature attacher à la forme, à la diction, au mérite oratoire une pareille importance. Ce que nous voulons surtout en nous prononçant contre les discours écrits, c'est éviter la perte du temps par la répétition inévitable des mêmes arguments. Du reste nous ne demandons pas l'interdiction. Nous croyons que peu à peu le discours écrit tombera en désuétude devant l'inattention chaque jour plus générale.

Les hommes connus pour apporter, sous la forme simple d'une conversation, fût-ce en termes peu corrects, des idées pratiques, résultat de l'étude, d'une vieille expérience, sont toujours écoutés avec une religieuse attention dans nos Chambres belges.

Ce serait le contraire à l'égard d'hommes à connaissances superficielles, prêts à parler sur tout, que les électeurs envoient quelquefois dans les Assemblées politiques. S'ils y dominaient, ils dégoûteraient leur pays du régime parlementaire. Il n'y a rien de plus antipathique à une législature belge que de tels parleurs.

Nous nous rapprochons plus en cela des Anglais que des Français; nous prisons bien autrement la valeur intrinsèque des arguments, les connaissances spéciales, que la forme. C'est avec une attention soutenue, une sympathique déférence qu'on écoute dans les Chambres belges des orateurs qui s'expriment en un français si étrange qu'en arrivant à l'étranger, ce langage y compromettrait fort notre réputation littéraire, sans les officieuses et salutaires expurgations de la sténographie.

Ce n'est pas à dire pour cela que tout membre d'un parlement, parce qu'il ne lit, ni ne récite un discours et qu'il improvise, soit ce que l'on peut nommer un orateur; mais ce que nous maintenons, c'est qu'avec le discours le mieux écrit, le mieux récité ou le mieux lu, on ne produira jamais dans une assemblée politique l'effet d'un discours improvisé sur notes.

On n'improvisait guère, pensons-nous, aux États-Généraux du royaume des Pays-Bas. Aussi l'effet des discours était-il souvent plus grand au dehors que dans l'enceinte même des États-Généraux. Le lecteur lit mieux mentalement, si l'on peut s'exprimer ainsi, que ne parlent certains orateurs; souvent il supplée par l'imagination à la voix, aux intonations fausses ou au geste disgracieux du député dont il lit le discours.

L'usage contraire prévaut, comme nous l'avons dit, de plus en plus dans nos Chambres, et l'on n'y accorde guère aujourd'hui la qualification d'orateur politique qu'à celui dont le discours est improvisé.

Bien qu'on improvisât peu dans les Chambres du royaume des Pays-Bas, les anciens membres des États-Généraux, devenus membres du Congrès National, y parlèrent souvent d'abondance et avec beaucoup de facilité. On peut citer sous ce rapport MM. Ch. de Brouckere, l'un des plus jeunes et des plus renommés déjà, très-remarquable surtout dans ce qu'on appelle les questions d'affaires; de Celles, causeur charmant, d'un talent tout français; de Muelenaere, l'orateur le plus circonspect, le plus maître de sa parole; Ch. Lehon, correct, élégant, sachant bien les affaires, mais plus maître de sa parole dans le début que dans l'exposition méthodique des arguments et dans l'art de conclure à propos. Nous pouvons citer encore le vénérable baron de Sécus, père, qui s'était, bien avant la révolution de 1830, concilié le respect public, par sa parole profondément convaincue.

A côté des anciens membres des États-Généraux venaient se placer les hommes qui s'étaient exercés dans la chaire, au barreau et dans le professorat. On y remarquait déjà, pour la facilité d'élocution et la fougue un peu Lamenaisienne, plusieurs membres du clergé, parmi lesquels l'un des plus jeunes, l'un des plus fervents disciples du grand écrivain, l'honorable abbé de Haerne.

MM. Dubus aîné, H. de Brouckere, de Faqcz, Forgeur, A. Gendebien, Jaminé, Leclercq, Raikem, etc., sortis, les uns du barreau, les autres du parquet, prouvèrent, par une parole facile, chaleureuse et souvent éloquente, ce que l'expérience et le sang-froid, puisés dans les débats presque toujours improvisés de l'ordre judiciaire, donnent d'aplomb pour les luttes de la tribune.

M. Van de Weyer, qui joignait l'expérience du professorat à celle du barreau, et que sa connaissance approfondie de la langue anglaise avait initié à la littérature politique de nos voisins d'Outre-Manche, doué d'ailleurs d'une rare facilité, d'une élégance de langage plus rare encore alors chez nous, prit dès ses débuts une des premières positions dans le Congrès.

J'ai encore le souvenir, comme si la chose était d'hier, de l'effet qu'il produisit en exposant devant le Congrès, au retour de son premier voyage à Londres, où ses collègues du gouvernement provisoire l'avaient envoyé, les incidents de son entrevue avec les membres de la Conférence et avec quelques notabilités politiques de l'Angleterre.

On ne saurait imaginer rien de plus élégant,

de plus coquet dans la forme, rien de plus émou-
vant dans l'exposé des péripéties par lesquelles
avait dû passer la mission du jeune diplomate,
représentant d'une révolution, délégué par un
Gouvernement issu des barricades, auprès de
vieux diplomates, dont la plupart représentaient
la Sainte-Alliance. C'est le cas de dire que pendant cette charmante causerie, on aurait entendu
voler une mouche. J'ai rarement été témoin d'un
pareil succès.

Le talent oratoire de M. de Theux ne semble
point justifier le rôle important qu'il a joué dans
notre histoire parlementaire. Sa parole facile,
sobre, prudente, mais dépourvue de chaleur et
d'éclat, l'avait moins fait remarquer au Congrès,
que son esprit pratique et quelques-unes des
qualités de l'homme d'État.

Sa nomination au ministère excita toutefois
une surprise qui ne se dissipa qu'après de nouvelles preuves de cette aptitude politique que
personne ne lui dénie aujourd'hui.

M. de Theux, à mesure qu'il a appris les affaires
dans l'exercice prolongé du pouvoir, nous a
quelquefois rappelé ces orateurs plus substantiels
que brillants et qu'on voit souvent figurer dans
le nombreux personnel qui constitue un cabinet
anglais.

M. de Theux parle sur notes, et avec une facilité contre laquelle le prémunissent un calme, une réserve, une circonspection qui lui font rarement défaut.

Dès la première discussion un peu importante, M. Devaux se fit remarquer par l'élévation de ses idées et une connaissance, peu commune alors, des principes et de l'esprit du régime constitutionnel. Ses discours en faveur de la forme monarchique et d'un sénat exercèrent une grande influence sur l'esprit du Congrès.

Comme beaucoup de ses collègues, qui, ainsi que lui, ont plus tard parlé sur notes, ses premiers discours, quoique attestant, dès lors, des vues politiques profondes, n'annonçaient pas encore cette parole vigoureuse à laquelle l'improvisation, préparée par de sérieux travaux, donne tant de relief et de puissance.

M. Nothomb J.-B., de l'âge à peu près de M. Van de Weyer, se fit remarquer par une élocution facile, que perfectionna bientôt encore l'habitude de parler en public. Sa connaissance de nos annales le mit en état d'éclairer souvent les discussions diplomatiques. Il prit une part brillante aux débats les plus importants du Congrès National, et contribua, sans nul doute, aux grandes résolutions de cette mémorable assemblée. Écrivain aussi distingué qu'orateur habile, il a pu doublement aider ainsi à clôre heureusement notre révolution et à la faire comprendre de l'étranger.

Comme toute exagération est haïssable à mes yeux, fût-ce celle de la modestie, il faut bien, mon cher monsieur, que je vous dise quelques mots de moi.

La plaidoirie, surtout en matière criminelle, m'avait habitué, plus que mes amis de Liége, à parler en public sur simples notes. Devant une assemblée aussi imposante que le Congrès, ce stage ne suffisait pas pour m'affranchir d'une émotion très-grande.

Mais voyant combien, déjà alors, on écoutait imparfaitement les discours écrits, je voulus en finir avec mes hésitations, et, muni de simples notes, préparées avec soin, il est vrai, je montai à la tribune, comme cela se pratiquait alors, et j'y improvisai, avec plus de facilité que je ne l'espérais, mon premier discours.

Le sujet était des plus graves; il s'agissait de la forme du gouvernement. Peu d'orateurs se montraient partisans de la république. La plupart de ceux qui se prononcèrent pour la monarchie se crurent obligés pourtant de faire l'éloge de la forme républicaine, de la placer au-dessus de la monarchie, à laquelle ils ne se rattachaient, disaient-ils, que parce que la nation n'était ni favorable, ni préparée à la république, laquelle nous compromettrait d'ailleurs avec nos voisins.

J'abordai résolûment la thèse contraire. Je soutins que la monarchie constitutionnelle est un gouvernement plus avancé, plus parfait que la république, abstraction faite de toute considération de politique intérieure ou extérieure.

Je fus écouté avec une attention bienveillante, qui me décida, dès lors, à continuer à parler sur de simples notes bien étudiées. Dans quelques rares occasions où la nature délicate du sujet me paraissait l'exiger, parlant d'ailleurs comme ministre, j'ai lu des discours. J'ai pu voir combien cette lecture faisait peu d'effet à côté de celui qu'on peut produire en parlant sur simples notes.

Quoiqu'il ne s'agisse dans cette lettre que de questions d'art et nullement de politique, je crois pouvoir dire que je ne fus pas médiocrement flatté de voir, quelque temps après, cette même thèse : la supériorité de la monarchie sur la république comme forme de gouvernement, admirablement développée par mon illustre ami, M. Thiers. C'est une simple coïncidence,

je le sais : mon discours n'avait assurément pas
été jusqu'à lui. Mais cette coïncidence seule
était pour moi un encouragement et une
récompense.

M. Rogier, qui dans le Congrès se borna à lire
quelques discours, très-bien écrits d'ailleurs,
a montré plus tard, comme ministre et comme
député, un talent oratoire qu'on était loin de
soupçonner. Parfois hésitant, lent, inégal, si un
grand intérêt national l'anime, une véritable
transformation s'opère en lui. Nul alors ne
s'élève plus haut. Sa parole honnête, généreuse,
passionnée, remue profondément tout ce qu'il y
a de noblesse, de désintéressement, de patriotisme
dans son auditoire. C'est surtout lorsqu'il est
excité par la lutte, lorsqu'un adversaire politique
l'a puissamment remué que M. Rogier s'élève à
toute sa hauteur.

Comme preuve à l'appui des considérations
qui précèdent sur les effets si différents de l'improvisation et du discours écrit, je demande la
permission de citer encore mon propre exemple.
Ce serait une affectation de modestie, peu propre
à être prise au sérieux, si je niais l'effet produit
par mon discours en faveur des 18 articles, alors
que les journaux de l'époque et les récits de
divers historiens l'affirment. La vivacité de la

lutte, la grandeur du but à atteindre, les géné-
reuses résistances contre lesquelles une ardente
conviction, le sentiment d'un grand devoir et
.d'une immense responsabilité pouvaient seuls
lutter, l'âme de la nation, tour à tour suspendue
aux lèvres des orateurs de l'opposition et des
orateurs favorables au traité, voilà surtout ce qui
explique ce succès oratoire.

Relu en dehors des angoisses, des espérances
qui animaient ce grand débat, de l'atmosphère
embrasée où il fut prononcé, ce discours, imprimé
pendant mon voyage à Londres, et avant même
que j'eusse pu le revoir, m'a toujours paru
pécher par l'ordonnance, par la forme un peu
déclamatoire, par un manque de réserve dans
les appréciations, fruit de l'inexpérience et d'une
bonne foi trop aveugle dans la valeur littérale de
stipulations diplomatiques, que des événements,
imprévus alors de tout le monde, devaient bientôt
modifier. Je place ce discours, au point de vue
littéraire, au-dessous de plusieurs autres que
j'ai prononcés depuis et qui, privés du prestige
que donnent à une œuvre oratoire les circonstances au sein desquelles elle surgit, sont loin
d'avoir produit le même effet.

Les législatures qui ont suivi le Congrès National nous ont montré de remarquables talents.

Les dernières élections surtout ont été fécondes
sous ce rapport; et comme c'est parmi la jeune
génération que les électeurs ont fait spécialement
leurs choix, on est heureux de pouvoir constater,
par la modération de langage et l'esprit pratique
dont ces jeunes députés font preuve, combien
l'éducation politique de notre pays a fait de
progrès.

Des convenances ou tout au moins des scru-
pules que l'on appréciera aisément ne me permettent pas d'aller, dans la partie biographique
de cette esquisse, au delà de notre assemblée
constituante.

J'ose croire pourtant qu'on me pardonnera une
exception en faveur d'un mérite auquel personne,
je crois, ne contestera le titre d'exceptionnel.

On a déjà compris que je veux parler de
M. Frère-Orban.

D'origine modeste et, comme presque toutes
les natures vigoureuses et privilégiées, fils de ses
œuvres, M. Frère se plaça d'abord dans les premiers rangs du barreau de Liége. Très-jeune
encore, il fut élu membre de la Chambre des
représentants en 1847; et, sur le refus de plusieurs
anciens membres du parlement belge, il accepta
le portefeuille des travaux publics dans le ministère formé par M. Rogier.

15

Il ne le fit pas sans avoir beaucoup hésité, car il répugnait à entrer dans le gouvernement, sans avoir fait, soit sur les bancs du parti ministériel, soit sur ceux de l'opposition, ce stage qu'on exige de l'avocat et qui est bien plus indispensable encore au député et surtout au ministre.

Il conquit dès ses débuts une position élevée. Il la dut à la réunion des qualités les plus diverses : un organe agréable, des gestes sobres et naturels, une physionomie mobile, expressive, un front élevé, une élocution facile, brillante, une rare intelligence des affaires et cette aptitude remarquable à en exposer les détails, qui rappelle souvent ce côté de l'admirable talent de M. Thiers.

Sans partager, à beaucoup près, la sévérité que montre M. de Cormenin envers les avocats-députés dans son livre sur les orateurs français, nous devons reconnaître que, dans son premier ministère, M. Frère-Orban se laissa trop souvent entraîner à ces formes, à ces habitudes de combattivité que l'on contracte assez ordinairement dans les rangs du barreau.

Il y a cette différence qu'au barreau ce sont des intérêts étrangers qu'on défend, et qu'après s'être dit des gros mots, on va souvent dîner ensemble ; tandis que dans une chambre législative, c'est aux passions mêmes de ses adversaires qu'on s'attaque. Les coups portés alors font non-seulement des blessures profondes à l'amour-propre mais, froissent parfois cruellement la conscience politique ou religieuse de ceux contre lesquels on lutte.

Comme tous les esprits d'élite, M. Frère a peu à peu dépouillé ces habitudes un peu trop duellistes; depuis qu'il est rentré au pouvoir, après un stage assez prolongé sur les bancs de l'opposition, mûri par l'âge, par la réflexion, par l'étude, par l'expérience surtout, cette grande école dont les leçons ne sont méprisées que des sots, il lui reste bien peu de progrès à faire pour accomplir ce qui peut lui manquer encore comme orateur politique.

L'avantage d'un pouvoir collectif, c'est que les éléments s'en complètent les uns par les autres.

Si M. Frère-Orban est le premier de nos orateurs, on peut dire que sous la parole moins facile, moins brillante, moins impétueuse de M. Devaux, se montrent plus de profondeur, parfois des vues plus pratiques, puisées dans une plus longue expérience et dans les études sérieuses et persévérantes auxquelles ses loisirs comme simple député lui ont mieux permis de se livrer.

J'ai essayé d'indiquer en commençant, et je veux chercher encore, en terminant, ce qui peut rattacher aux débats parlementaires l'art de lire à haute voix; et comme dans mon opinion, l'improvisation doit de plus en plus remplacer dans nos chambres la lecture des discours ou les récits de mémoire, c'est à certains égards seulement que le professeur de déclamation pourra utilement intervenir dans l'éducation de nos futurs tribuns.

Il le fera encore sans nul doute avec succès; par exemple pour la prononciation, qui laisse souvent tant à désirer même dans nos provinces wallonnes; ensuite, pour atténuer, sinon pour détruire des défauts naturels indiqués déjà à propos de l'instruction de l'artiste dramatique. Le député, incapable d'improviser, lira certainement mieux ses discours après avoir reçu les leçons d'un habile professeur.

On peut sans doute, nous l'avons vu plus haut, produire de l'effet en lisant son propre travail. On le peut même en manquant des qualités naturelles qui y paraissent le plus indispensables. Le professeur Andrieux, dont l'organe était tellement faible qu'on devait, pour bien l'entendre, faire cercle autour et à quelques pas de lui, enchantait le jeune auditoire d'élite qui se pressait à ses leçons.

Dans notre pays, on a pu, on peut voir encore à quel point un habile lecteur sait charmer son auditoire.

Ceux d'entre nous qui ont assisté au cours de littérature française donné à Liége par M. Rouillé, savent ce qu'avec un organe peu sonore, encore affaibli par l'âge, ce vénérable professeur exerçait de prestige sur ses élèves par les lectures des morceaux choisis dans les œuvres qu'il analysait. Qui ne sait le charme avec lequel M. Baron lit une scène de Molière, une fable de La Fontaine, une page de La Bruyère?

Voilà, Monsieur, encore un vaste champ ouvert, en dehors de la littérature politique, à l'art du professeur de déclamation dans nos conservatoires.

L'improvisation politique sera toujours due avant tout à la nature. Le professeur peut l'aider; il ne la suppléera jamais. La peur, en présence d'un imposant auditoire, résiste rarement à la pratique parlementaire. Cependant, si la peur s'affaiblit, il est rare qu'elle disparaisse complétement, et je connais de vieux jouteurs à qui ces mots du Président : *La parole est à M. X*, causent encore une assez vive émotion.

Il faut bien cependant se livrer résolûment à cette joute périlleuse. Comment l'orateur, s'il se

15.

borne à lire, si même il le faisait en maître, pourra-
t-il, les yeux fixés sur un papier, s'apercevoir
de l'effet qu'il produit? Comment saura-t-il si
l'argument sur lequel il compte a pénétré dans
l'esprit de l'auditoire, s'il ne doit pas insister,
le présenter sous une forme plus saisissante? Et
si on l'interrompt, comment répondra-t-il?

Si, au contraire, il sait parler d'abondance,
l'interruption, qui déroutera le lecteur d'un discours écrit, peut devenir pour l'orateur inter-
rompu un véritable triomphe. Je me souviens
encore, assistant à un débat politique en France,
de l'effet de quelques paroles de M. Guizot, inter-
rompu par une apostrophe contre la politique du
juste-milieu, au moment où il se vantait de l'appliquer. « Oui, » répondit-il, » la politique du
juste-milieu est la mienne; et, sachez-le bien,
pour pratiquer cette politique il faut plus de
courage, plus d'amour de son pays et de ses
libres institutions que pour pratiquer celle que
vous préconisez » Cette réponse, dont je donne le
sens plus que le texte, fut couverte de longs
applaudissements.

Si, au lieu de n'être que député, l'orateur est
ministre, comment répondra-t-il à l'interpellation
d'un député? Comment répliquera-t-il à l'opposition, alors que le besoin d'une réponse immédiate
est pressant?

On le voit, l'habitude de l'improvisation est une des conditions les plus nécessaires à l'homme d'État.

Mais que d'études préparatoires pour s'y livrer avec quelque succès! Avec quel soin ensuite il faut rédiger et disposer ses notes, c'est-à-dire les jalons de la route à parcourir! Rien n'est plus difficile que cette préparation. Trop ou trop peu nuit également; ce qui n'est pas aide devient obstacle. Ensuite la forme du programme qui convient à l'un ne convient pas à l'autre. L'expérience, l'expérience seule pour la forme, une conviction sincère, profonde pour le fond, voilà, avec les dons de la nature, ce qui constitue le véritable orateur politique.

Car, on le sait, c'est la nature surtout qui fait l'orateur, comme elle fait le poëte, le peintre, le statuaire, le musicien, l'artiste en un mot. Le professeur ne peut qu'aider, féconder le germe; il ne suppléera jamais à l'absence du souffle divin. Pour l'orateur politique, le caractère est bien plus indispensable encore que l'intelligence, que l'inspiration. L'éloquence politique, on l'a dit : c'est avant tout la passion du bien.

Si vous n'aviez pas accepté la tâche si lourde d'administrer le Théâtre-Royal, tout en conti-

nuant d'occuper votre chaire à notre Conservatoire, je vous aurais conseillé de combler une
regrettable lacune dans notre éducation parlementaire.

Pour apprendre à parler en public, ce qui
vaudra toujours mieux que les plus sages conseils, ce sera de s'essayer à le faire avant d'entrer
dans une assemblée politique.

On a compris cela au barreau; de là les basoches.
Pourquoi n'y aurait-il pas aussi des basoches
parlementaires?

L'exemple de ce qui se passe dans les séances
des associations économiques et des Congrès
scientifiques, où l'on s'exerce avec tant de succès
à parler en public, démontre assez l'utilité de
l'institution que j'indique.

Toutefois, les discours écrits seraient exclus.

Mais la direction d'un tel établissement exige-
rait infiniment de tact et de discrétion. Il faudrait
éviter, sous peine de discrédit, tout débat qui
aurait pour résultat de paraître peser directement
sur les délibérations des corps constitués. Dans ce
pays si libéral, mais si passionné pour l'ordre,
l'apparence seule d'un petit club de Jacobins
ruinerait promptement l'institution que je recommande.

J'ai la certitude que personne ne comprend

mieux cela que vous. Voilà pourquoi, je voudrais vous voir à la tête d'un pareil établissement.

Agréez, etc.,

LEBEAU,

**Vice-président de la Commission Administrative
du Conservatoire royal de Bruxelles.**

Bruxelles, 10 *Août* 1858.

A Monsieur QUÉLUS, professeur de déclamation française
au Conservatoire royal de Bruxelles.

TABLE DES MATIÈRES.

FIN.

Milton Keynes UK
Ingram Content Group UK Ltd.
UKHW010637140324
439439UK00007B/974